협상이 이렇게 유용할 줄이야

SUCCESSFUL NEGOTIATION 10 SKILLS
일잘러를 위한 10가지 협상의 기술

오명호 지음

구텐베르크가 금속활자를 발명하기 전
책은 사람이 살 수 있는
가장 비싼 물건이었으나
지금의 책은 가장 쉽게
가장 저렴히 살 수 있는
지혜의 보고입니다.
애드앤미디어는
당신이 책을 통해 보다 쉽게
지식을 더할 수 있도록 노력합니다.

애드앤미디어 는 당신의 지식에 하나를 더해 드립니다.

왜 협상해야
할까요?

우리 삶은 협상의 연속입니다. 개인 간 거래부터 국가 간 외교까지 협상이 없는 곳이 없습니다. 그런데도 협상을 체계적으로 연구하거나 배운 사람은 많지 않습니다. 모두가 협상을 어려워하는 이유입니다. 더욱이 기업의 경영환경은 협상 그 자체입니다. 협상 결과에 따라 거액의 이익과 손실이 갈리고, 심지어 기업의 존폐가 좌우되기도 합니다. 구성원의 협상력이 곧 우리 기업의 미래인 까닭입니다.

바야흐로 협상의 시대입니다. 오늘날 협상이 더욱 주목받는 것은 초연결 시대에 따른 자연스러운 요구로서, 구체적인 이유는 다음과 같습니다.

첫째, 조직구조의 변화입니다. 많은 기업이 수직적 조직구조에서 수

평적 구조로 변화를 꾀합니다. 상하 관계의 조직구조는 빠른 변화에 대응하고 창의적 성과를 내는 데 한계가 있다는 것을 깨달았기 때문입니다. 수직적 조직구조에서는 지시와 통제가 성과 달성에 유효한 커뮤니케이션 방식이라면, 수평적 조직구조에서는 상대방의 의사결정을 존중하고 인정할 때 비로소 효과를 발휘합니다. 서로의 의견을 조율하고 합의를 이끄는 협상이 강조되는 이유입니다.

둘째, 거래관계의 변화입니다. 강자와 약자의 갑을 관계에서 서로 돕고 협력하는 파트너 관계로 바뀌어 갑니다. 승자와 패자로 나뉘는 비즈니스 환경은 시너지 창출에 방해가 되며, 장기적으로 양측 모두에게 득이 되지 않는다는 것을 경험했기 때문입니다. 따라서 내 요구를 주장하고 이를 관철시키기 위한 일방향 커뮤니케이션이 아닌 상대의 니즈를 분석하고, 창의적 해법을 마련하며, 협상 안건을 추가, 교환하는 방식의 쌍방향 커뮤니케이션이 요구되는 시대입니다.

셋째, 정보환경의 변화입니다. 우리는 정보 무한공유 시대에 살고 있습니다. 경제적 우위나 사회적 지위가 높은 사람이 더 많은 정보를 선점하던 과거와는 달리 모든 이들에게 투명하게 열려 있습니다. 대기업이 아는 정보를 중소기업이라고 모르지 않고, 영업사원이 아는 정보를 고객이 모르지 않으며, 임원이 아는 정보를 사원이라고 모르지 않는다는 얘기입니다. 오늘날 나만 아는 정보란 없습니다. 정보 우위로 인한 설득 커뮤니케이션이 더 이상 통하지 않는 이유입니다.

협상이 강조되는 시대적 배경

구분	산업화 시대	초연결 시대
조직구조	수직적 구조	수평적 구조
거래관계	갑을 관계	파트너 관계
정보환경	비대칭성	무한공유
소통방식	일방향 커뮤니케이션	쌍방향 커뮤니케이션
유효전략	당근과 채찍, 인센티브	존중, 인정, 비전공유

책은 총 10강으로 구성하였습니다. '협상의 이해-실전 거래의 기술-갈등해결의 기술' 순으로 엮었습니다. 기업의 협상 실무자를 위한 실전 비즈니스 협상 가이드북입니다. 구매, 영업, 인사, 관리 업무 실무자를 비롯하여 조직을 이끄는 모든 리더에게 필요한 협상의 기술을 담았습니다. 사례 중심의 기존 책들과 달리 이론적 배경과 근거를 바탕으로 구체적인 활용방법에 초점을 맞추어 서술하였습니다. 무엇보다 독자에게 좀더 쉽게 다가갈 수 있도록 이미지 및 도식화 작업에 심혈을 기울였습니다. 기대하셔도 좋습니다.

저자 오명호

잠시도 한눈팔 수 없는, 협상의 진수

이 책을 강의로 경험한 분들의 이야기

입사 10년 차에 처음 있는 일입니다. 1박 2일 동안 잠시도 졸거나 한눈을 팔 수 없었습니다. 이론 강의와 사례 그리고 시나리오 실습에 푹 빠져서 어떻게 시간이 흘렀는지 모를 정도였습니다. 제가 교육에 이렇게 열정적으로 참여하다니 저도 믿기질 않았습니다. 뿌듯합니다.

삼성전자 구매전략팀 OOO 프로

협상에 대해 의문이 많았습니다. 어떻게 상대방을 내 뜻대로 움직일 수 있을까? 현실에서 너도 좋고 나도 좋은 윈윈이란게 가능하기는 한 걸까? 하지만 강의를 듣고 생각이 완전 바뀌었습니다. 협상이란 양측이 서로의 이익을 위해 합의하는 일. 설득하지 말고 협상하라. 인생 강의였습니다.

신세계백화점 OOO 파트너

계획에 없던 과정이었습니다. 현업부서에서 인재개발원에 역으로 요청해서 추가로 개설한 교육이었습니다. 모두들 의아했습니다. '도대체 누가 와서 뭘 어떻게 하길래...' 인재개발원 설립 이래 처음 있는 일이기 때문입니다. 그런데 의문이 풀렸습니다. 직접 참여해보고 이유를 알았습니다.

KCC 교육훈련팀 OOO 과장

한 해에 같은 강의를 세 번이나 들었습니다. 매번 다른 강의였습니다. 이론과 사례를 대상에 따라 다르게 해석하고 적용하는 게 무척 흥미로웠습니다. 실습 내용도 다양했습니다. 평소 접해보기 힘든 역할도 경험할 수 있어 매우 좋았습니다. 기회가 된다면 또 참석하겠습니다.

에스원 BE사업부 OOO 부장

다녀왔던 회사 선배의 추천으로 참석했습니다. 한국금융연수원에서 진행하는 '금융인을 위한 협상전문가'. 협상의 이론과 사례 그리고 실습을 금융회사에 적용하여 진행하는 과정입니다. 2박 3일, 총 23시간 동안 협상의 기술과 지혜를 배웠습니다. 교육 결과는 교육생들의 피드백이 말해줍니다. 모든 과정이 95점 이상입니다.

신한은행 OOO 차장

CONTENTS

프롤로그   왜 협상해야 할까요? · 4

추천의 글   잠시도 한눈팔 수 없는, 협상의 진수 · 7

제1강   협상의 고정관념을 타파하라 · 14
"사람들이 협상을 힘들어하는 근본적인 이유는 무엇일까?"

제2강   설득하지 말고 협상하라 · 28
"상대방을 내 뜻대로 움직이려면 어떻게 해야 할까?"

제3강   상대방의 선택권을 기획하라 · 44
"어떻게 하면 상대방 스스로 결정하도록 유도할 수 있을까?"

제4강   상대가 51 대 49로 이겼다고 생각하게 하라 · 64
"성공적인 협상의 결과는 구체적으로 어떤 모습일까?"

제5강   협상 전에 '플랜 B' 부터 확보하라 · 88
"갑(甲)과 을(乙)의 협상에서 가장 중요한 것은 무엇일까?"

제6강 협상의 기준점을 선점하라 · 102
"내가 먼저 요구하는 게 유리할까, 기다리는 게 유리할까?"

제7강 쿨하게 양보하지 말고, 안타깝게 거절하라 · 122
"어떻게 하면 좀 더 효과적으로 설득하고 거절할 수 있을까?"

제8강 무엇을 줄 것인지 고민하라 · 140
"이번 협상에서 어떤 것을 얻어낼 수 있을까?"

제9강 요구가 아니라 진짜 이유를 찾아내라 · 152
"상대방이 들어줄 수 없는 것을 요구할 때 어떻게 해야 할까?"

제10강 둘 다 만족하는 제3의 대안을 마련하라 · 170
"서로가 원하는 것이 충돌할 때 어떻게 합의점을 찾을 수 있을까?"

에필로그 협상의 고수가 되고 싶은 당신에게 · 184
출판사 리뷰 당신의 협상에 힘을 더해 드립니다 · 187
부록 협상 용어 정리 · 190
협상력 이론 테스트 · 201

제1강

협상의 고정관념을 타파하라

협상은 '상대방'에게 'yes'를 이끌어내는 일
협상은 고정관념을 깨는 일
협상은 '목적'을 달성하기 위한 수단

제1강

협상의 고정관념을 타파하라

협상에 관한 문제 하나로 책을 열겠습니다.

당신이 양치기 소년이라고 가정해보겠습니다. 이 이야기는 기존에 알고 있던 '거짓말 교훈' 이야기와는 무관합니다.

양치기 소년은 양을 목축하는 일이 주업인 비즈니스맨입니다. 당신은 오늘 잘 키운 양 90마리를 시장에 내다 팔아야 합니다. 그런데 가는 길에 큰 강을 만났습니다. 다행히 강가에는 양을 운반해주는 뱃사공이 영업하고 있습니다. 뱃사공에게 운반을 의뢰하니 뱃삯으로 '건너는 양의 절반'을 요구합니다. 가격책정 기준인 셈입니다.

뱃삯이 너무 비싼 거 아닌가요? 하지만 별다른 대안이 없습니다. 뱃사공을 이용하지 않고 강을 건널 방법은 현재로선 없거나 돌아가려면 너무 멀어 오히려 비효율적입니다. 그리고 뱃사공은 한 명뿐입니다. 여기서 문제입니다. 뱃사공과 운반비 협상이 가능하다고 할 때, 당신이라면 양을 몇 마리 지불하고 강을 건너갈 수 있을까요?

협상은 '상대방'에게 'yes'를 이끌어내는 일

뱃삯을 줄일 수 있는 방법을 생각해 보셨나요?

물건값을 깎을 때 흔히 떠올리는 방법은 '많이 사겠다'고 얘기하는 것입니다. 소위 단골 어드벤티지advantage*를 적용해서 할인을 요구하는 것이지요. 예컨대 "앞으로 시장에 갈 때마다 이 배를 이용할 테니 10마리만 깎아주시오." 비슷한 방법으로 당신의 영향력을 어필해 홍보 효과를 제시하는 것입니다. "제가 양치기 소년 모임에서 총무를 맡고 있는데, 다른 사람들도 이 배를 이용하도록 입소문 내 줄 테니 반값으로 해주시오."

이밖에도 '양을 주지 않고 양털로 협상해 본다.', '우선 시장에 가서 많이 팔면 많이 주고, 적게 팔면 적게 주기로 협상한다.', '돌아올 때도 강을 건너야 하니 다음번 뱃삯까지 같이 협상한다.' 등등 지난 몇 년간 강의를 통해 다양한 생각들을 엿볼 수 있었습니다.

여러분은 어떤 방법을 생각하셨나요? 적어도 3가지 이상을 떠올리셨다면 협상에 소질이 있는 분이라고 생각해도 좋습니다. 그러나 안타깝게도 정답과는 거리가 멉니다. 문제는 명확한 정답이 있습니다. 물론 여러분의 제안이 어떤 뱃사공에게는 통할 수 있습니다. 하지만 앞의 제안

*어드벤티지(advantage) 유리한 자기 위치에 있다는 뜻으로 쓰이는 스포츠용어 (출처 : 두산백과)

들은 모두 한 가지 근본적인 한계를 가지고 있습니다. 바로 상대가 'NO'
할 수 있다는 점입니다. 내 제안을 받아들이면 상대는 자신이 손해라고
생각할 수 있기 때문에 그렇습니다.

아무리 좋은 협상안이라도 상대가 거절해버리면 한낱 내 욕심에 불
과합니다. 내 기준에서 좋은 제안이었다는 얘기입니다. 따라서 좋은 협
상안이란, 상대방의 입장에서 판단해야 가능합니다. 어떤 협상안을 생
각했다면 먼저 스스로에게 질문을 던져보십시오. 입장을 바꾸었을 때
나라면 그 제안을 받아들일 것인가? 만약 이 질문에 고개를 끄덕인다면
적어도 괜찮은 협상안이라고 판단해도 좋습니다. 협상은 내가 아니라
'상대방'에게 'yes'를 이끌어내는 일입니다.

협상에서 중요한 건 나의 생각이 아니라
상대방의 생각입니다.

협상은 고정관념을 깨는 일

90마리를 건너려면 '건너는 양의 절반'인 45마리를 줘야 한다고 생각합니다.

하지만, 정답은 30마리입니다.

어떻게 30마리만 주고 건너갈 수 있을까요? 실마리는 뱃삯 지불 방법에 있습니다. 90마리를 다 건너는 것이 아니라, 30마리를 남겨두고 60마리만 건너면 됩니다. 그러면 '건너는 양의 절반'인 30마리만 주면 됩니다. 뱃사공의 요구대로 제값을 다 치른 것이니 뱃사공도 거절할 이유가 없지 않겠습니까. 그리고 두고 온 양 30마리로 뱃삯을 지불하면 됩니다.

대부분의 삶의 문제가 그렇듯 답을 알면 너무나 쉬워 보입니다. 그런데 우리는 왜 60마리만 건널 생각은 못 하는 걸까요? 저는 그 이유를 고정관념에서 찾습니다. 비용 지불 방법에 관한 우리의 고정관념은 '후불'입니다. 상품이나 서비스를 이용한 후에 돈을 지불하는 것이 일반적인 생각이지요. 그래서 90마리를 먼저 건넌 다음의 비용을 생각하게 됩니다. 그리고 뱃사공을 설득할 방법을 찾게 되죠. 하지만 이익과 손해가 걸린 뱃사공을 설득하기란 쉽지 않습니다. 상대를 설득하기 이전에 내가 할 수 있는 계획을 세우는 일부터가 협상입니다. 그리고 상대가 거절하기 힘든 제안을 던지는 사람이 진짜 고수지요. 뱃사공을 설득하지 않고 선불이냐 후불이냐만 고민해도 15마리, 즉 33%나 비용을 줄일 수 있습니다.

이렇듯 많은 고정관념이 우리의 협상을 어렵게 만듭니다. 해결책이 하나밖에 없을 거라는 고정관념, 협상은 승패 대결로 끝나는 줄다리기란 고정관념 그리고 협상은 상대를 설득해야 하는 일이라는 고정관념 때문

에 협상을 망칩니다. 협상력을 키우기 위해서는 고정관념을 깨는 훈련이 필요한 이유입니다.

*협상이 힘든 가장 큰 이유는
잘못된 고정관념 때문입니다.*

협상은 '목적'을 달성하기 위한 수단

그렇다면 30마리가 최선일까요? 더 줄일 수 있는 방법은 없을까요? 해답을 찾기 위해 한 걸음 더 들어가 보겠습니다.

양치기 소년의 원래 목적은 무엇이었나요? 그렇습니다. 시장에 가서 양 90마리를 파는 것이었습니다. 뱃사공과의 협상은 그 과정에서 생긴 변수일 뿐이죠. 다시 말해 뱃사공과 협상하지 않고 시장에 가서 양 90마리를 다 팔 수 있으면 됩니다. 가장 많은 이윤을 남기는 방법으로 말이죠.

이렇게 하면 어떨까요? 먼저 양 2마리를 배에 태우고 강을 건넙니다. 뱃사공의 요구대로 뱃삯은 1마리를 지불하면 되죠. 그리고 남은 1마리를 데리고 시장으로 갑니다. 그 양을 샘플로 보여주며 구매자를 찾습니다. "여기 튼튼하고 건강한 양 89마리를 팝니다." 그런 다음 가격협상을 마친 후 강을 건너와 구매자에게 나머지 양을 다 넘깁니다.

강의에서 만난 모 외국계 기업 CEO께서 내주신 해답입니다. 물론 이 경우 구매자와 가격협상에서 운반비까지 고려해야 한다는 점이 남습니다. 하지만 대단히 창의적이고 전략적인 협상안이 아닐 수 없습니다. 협상의 핵심을 건드리는 발상입니다.

협상은 목적을 달성하기 위한 수단입니다. 어떤 협상이든 협상 자체가 목적이 될 수는 없습니다. 협상의 승패에 집착해 원래 목적을 잊어버

려서는 안 된다는 얘기입니다. 협상을 위한 협상은 지양해야 합니다. 이것 역시 고정관념과 관계가 있습니다. 영업을 하거나 무언가를 팔려면 고객에게 찾아가야 한다는 고정관념이 있습니다. 하지만 꼭 그래야 하는 건 없습니다. 협상을 잘하려면 생각의 전환이 필요합니다. 진짜 고수는 상대가 스스로 찾아오게 만드는 방법을 연구합니다.

협상 = 목적 달성을 위한 전략적 커뮤니케이션

일잘러를 위한 협상의 기술 1

협상의 고정관념을 타파하라

1. 협상이 힘든 가장 큰 이유는 잘못된 통념과 고정관념 때문입니다. 해결책은 결국 정해져 있을 거라는 고정관념, 협상은 줄다리기라는 고정관념 그리고 협상은 상대를 설득하는 일이라는 고정관념이 협상을 어렵게 만듭니다.

2. 좋은 협상안이란 내가 아니라 '상대방'에게 yes를 이끌어내는 협상안입니다. 중요한 건 내 생각이 아니라 상대방의 생각입니다. 원하는 걸 얻으려면 입장을 바꿔 생각하는 훈련이 필요합니다.

3. 협상은 목표 혹은 목적을 달성하는 수단입니다. 협상의 승패에 집착해 원래의 목적을 잊어서는 안 될 것입니다. 또 과도한 목표를 설정하면 성공적인 협상을 기대하기 힘듭니다. 목표를 올바로 설정하는 일부터 협상의 시작입니다.

'협상'하면 연상되는 단어를 아래 빈칸에 적어 보세요.

어렵다 ▼	윈윈협상 ▲	노사협상 ◀
소통 ◀	**협상** **NEGOTIATION**	▶ 설득
▲ 연봉협상	▼ 타협	◀ 갈등

이밖에
교섭, 합의, 타결, 중재, 신뢰, 교착상태, FTA협상, 북미협상, 기업M&A협상
등 다양한 단어를 연상해 볼 수 있습니다.

제2강

설득하지 말고
협상하라

20세기 최고의 협상
협상과 설득의 차이
설득하려고 하면 안 되는 이유

제2강

설득하지 말고 협상하라

'어떻게 하면 상대를 설득할 수 있을까?'

우리가 협상을 준비할 때 가장 먼저 떠올리는 생각입니다. 상대를 설득해 내 요구를 관철시키고 싶기 때문입니다. 하지만 협상을 잘하기 위해 가장 먼저 알아두어야 할 사실은, 이것이 바로 협상을 망치는 근본적인 원인이라는 점입니다. 설득은 상대와의 관계에서 내 목적을 달성하기 위한 효과적인 수단이 되지 못합니다. 상대를 설득하고자 하는 심리는 나의 욕심일 뿐 협상에 오히려 방해가 됩니다.

입장을 바꿔 생각해보면 이해가 쉽습니다. 여러분은 누군가에게 설득을 잘 당하십니까? 설득이란 단어가 '당하다'라는 동사와 연결되는 것만 봐도 썩 유쾌한 일이 아니란 방증입니다. 따라서 우리 모두는 무의식

적으로 상대방의 설득을 방어하려 합니다. 상대를 설득하기 위해서는
설득하려고 해서는 안 되는 이유입니다.

20세기 최고의 협상

1912년 미국 대통령 선거 현장입니다. 시어도어 루스벨트 선거캠프에서
지방 유세를 떠나던 중이었습니다. 캠프 참가자 한 명이 팸플릿과 관련
하여 심각한 문제를 발견하게 됩니다. 홍보용으로 제작해 놓은 팸플릿
300만 장에 인쇄된 루스
벨트 사진 하단에 'Moffett
Studios, Chicago'라는 글귀
가 새겨져 있는 것입니다.

저작권 문제가 제기된
다면 선거에 치명적입니
다. 게다가 당시는 사진 한
장당 1달러의 저작권료를
배상해야 한다는 법 조항

도 있었습니다. 소송으로 갈 경우 현재 우리 돈으로 수백억 원을 물어야 할 처지입니다. 만약 여러분이 선거캠프 본부장이라면 이 문제를 어떻게 해결할 수 있을까요?

당시 선거캠프 본부장인 조지 퍼킨스는 고민에 빠졌습니다. 가장 쉬운 방법은 팸플릿을 사용하지 않고 선거를 치르는 것입니다. 하지만 이는 대통령 당선을 포기하는 것과 다름없습니다. 지금으로 치면 인터넷 혹은 SNS를 안 쓰고 선거를 치른다는 말과 같습니다. 당시는 후보자를 알릴 방법이 유세와 더불어 팸플릿이 유일했기 때문입니다.

한편 조지 퍼킨스는 저작권자가 어떤 사람인지 알아보았습니다. 상대는 젊은 시절부터 사진작가로 명성을 알리기 위해 부단히 노력하는 사람이었습니다. 조지 퍼킨스는 바로 그 점을 주의 깊게 보았습니다. 그리고 고민 끝에 저작권자에게 편지를 보내기로 결심합니다. 편지 내용은 다음과 같습니다.

조지 퍼킨스가 저작권자에게 보낸 편지

"We are planning to distribute
millions of pamphlets with
Roosevelt's picture on the cover.
It will be great publicity for the
studio whose photograph we use.
How much will you pay us to use
yours? Respond immediately."

"선거 홍보 팸플릿 수백만 부의 커
버에 루스벨트 후보의 사진을 인쇄
해 배포할 계획입니다. 사진이 실리
게 되면 전국적으로 귀사의 스튜디
오를 알릴 수 있는 절호의 기회입니
다. 귀사의 스튜디오 사진을 실어주
는 대가로 얼마를 낼 용의가 있는지
파악한 후, 즉시 답변 바랍니다."

며칠 후 저작권자로부터 답장이 왔습니다. 내용은 다음과 같습니다.

저작권자의 답장

We've never done this before,
but under the circumstances we'll
be pleased to offer you $250.

이런 제의에 응해 본 적은 없지만
250달러를 낼 용의가 있습니다.

많은 석학들이 20세기 최고의 협상으로 꼽는 사례입니다. 수백억 원
이 걸린 문제를 10원 한 푼 들이지 않고 해결한 협상입니다. 상대의 정보
를 조사하고 원하는 게 무엇인지 파악한 게 이번 협상의 비결입니다. 그

런데 의문이 생깁니다. 왜 사람들은 하고많은 사례 중 루스벨트 사례를 20세기 최고의 협상으로 꼽을까요?

대통령 선거라는 중차대한 문제이기 때문일까요? 아니면 수백억 원이라는 엄청난 금액이 걸린 협상이기 때문일까요? 사안이 크고 중요하다고 최고의 협상이라 말하는 건 아닐 것입니다. 편지에는 여러 가지 전략이 숨어있지만 저는 그 이유를 협상의 핵심 개념에서 찾습니다. 바로 협상은 상대를 설득하는 일이 아니라는 명제 말입니다.

조지 퍼킨스 본부장이 저작권자를 설득한 일이 있습니까? 조지 퍼킨스는 저작권자를 설득한 일이 없습니다. 저작권 사용에 동의하고 후원금까지 낸 것은 저작권자 스스로의 선택이었습니다. 바로 여기에 협상의 핵심 개념이 담겨 있습니다. 협상은 상대를 설득하지 않고, 상대방이 스스로 선택하도록 준비하고 기획하는 일입니다. 루스벨트 저작권료 협상 사례는 바로 그 점을 알려줍니다. 가히 20세기 최고의 협상으로 불리기에 충분한 이유입니다.

루스벨트 선거 캠프의 협상 프로세스

협상 상황 발생	팸플릿 300만 부에 실린 사진이 저작권에 위배됨
▼	
배경 정보 조사	사진 1장당 저작권료 1달러를 지불해야 함
▼	
상대방 분석	사진작가로 명성을 알리기 위해 부단히 노력하는 사람
▼	
전략 수립	"당신의 사진을 실어주는 대가로 얼마를 낼 용의가 있나요?"
▼	
문제 해결	저작권 문제 해결+상대방을 우리 편으로 만듦

설득하려는 시도가
협상을 망치는 근본 원인입니다.

협상과 설득의 차이

그렇다면 협상과 설득의 차이는 무엇일까요?

　협상과 설득의 개념을 한 마디로 구분하는 일은 생각보다 쉽지 않습니다. 일반적으로 둘의 의미를 혼동해서 사용하기 때문입니다. 국내외 많은 커뮤니케이션 전문가들도 그들의 저서에서 협상을 '상대방을 설득하는 과정'으로 정의하고 있습니다. 하지만 저희 연구팀은 설득의 방법으로는 협상을 잘할 수 없다는 점을 인지하고, 3년여의 연구 끝에 둘의 차이를 명쾌하게 구분하였습니다.

　먼저, 협상과 설득의 사전적 정의를 살펴보겠습니다.

협상(協商)	설득(說得)
어떤 목적에 부합하는 결정을 하기 위하여 여럿이 서로 의논함	상대편이 이쪽 편의 이야기를 따르도록 여러 가지로 깨우쳐 말함

　협상은 사전적 정의부터 모호합니다. 협상이 쉽지 않은 이유입니다. 이해를 돕기 위해 좀 더 구체적으로 풀어보면 다음과 같습니다.

협상은 한 마디로 '합의하는 일'입니다. 여기서 '이해관계利害關係' 란 '이익利益과 손해損害' 가 걸려있는 관계'를 뜻합니다. 협상을 다른 단어로 표현하면 '합의'입니다. 합의란 '서로 의견이 일치함'을 말합니다. 그런데 설득은 어떻습니까? 나의 주장이나 요구 등을 상대방에게 관철시키는 일입니다. 합의가 목적이 아닙니다. 완전히 다른 개념입니다.

설득 = 나만 좋은 일
협상 = 합의하는 일

설득하려고 하면 안 되는 이유

만약 내가 상대방을 설득하게 되면 어느 쪽이 더 이익인가요? 그렇습니다. 내가 더 이익이지요. 좀 더 엄밀히 말하면 나만 이익입니다. 여러분 중에는 상대도 어느 정도는 이익이 아니냐고 반문하는 분도 계실지 모릅니다. 하지만 아닙니다. 어떤 그럴듯한 이유를 대더라도 그건 내 입장일 뿐입니다. 설득하고자 하는 심리는 나의 욕심에서 비롯되기 때문입니다. 이것을 상대방이 합의해줄 수 있을까요? 따라서 협상, 즉 합의를 위해서는 상대방을 설득하려고 해서는 안 됩니다. 좀 더 구체적인 근거는 다음과 같습니다.

> 설득과 협상의 차이를 이해하는 것이
> 협상의 시작입니다.

첫째, 설득은 100 대 0을 기대하게 만듭니다. 상대를 설득하겠다는 심리에는 내 것을 주지 않고 최대한 많이 얻어내겠다는 의도가 숨어있습니다. 그렇기 때문에 내 요구에 집중하고, 내 논리에 초점을 맞추며, 내 주장에 급급해 상대방의 이야기를 또 다른 논리로 덮고 차단하게 됩니다. 여러분은 이런 사람과 합의하고 싶습니까? 협상이 성사되지 않는 이유입니다.

둘째, 설득은 정보 비대칭Information Asymmetry을 전제로 합니다. 정보 비대칭이란, 당사자들이 가지고 있는 정보의 양과 질에 차이가 있는 현상을 말합니다. 상대가 잘못 알고 있거나 혹은 모르는 정보를 알려줄 수 있을 때 설득이 성립합니다. 예컨대 우리 제품의 성능과 특징을 잘못 알고 있거나 시장 상황을 모를 때, 올바른 정보를 제공해 부분적으로 상대를 설득하려는 과정은 당연히 필요하고 또 유효합니다.

문제는 정보가 아니라 서로 간의 입장차, 의견차가 있을 때 상대를 설득하려는 데 있습니다. 도를 넘는 자신감입니다. 상대방이 나보다 열등하다는 잘못된 인식 때문입니다. 하지만 상대는 결코 모르지 않습니다. 나의 그럴싸한 논리에 넘어가는 바보가 아니란 점을 잊지 말아야 합니다. 무엇보다 상대방의 무지無知를 협상에 활용하는 사람은 '헛똑똑이'입니다. 소탐대실小貪大失할 가능성이 크기 때문입니다. 자신이 당했다는 사실을 알면 다음번에 두 배로 갚고자 하는 게 사람의 심리입니다. 상대가 모르는 정보로 협상에서 이길 생각은 버리는 게 좋습니다. 상대방이 두 번 다시 보지 않을 관계가 아니라면 말입니다.

* 시장에서 이루어지는 거래에서 당사자들이 보유한 정보에 차이가 있는 현상. (출처 : 두산백과)

셋째, 설득은 결론이 정해져 있습니다. 설득하려는 사람은 자기 입장을 고수합니다. 자신의 생각을 바꾸면 설득하는 쪽이 아니라 설득당하는 쪽이 되기 때문입니다.

한때 유행하던 말 중에 '답정너'라는 단어가 있습니다. '답은 정해져 있고 너는 대답만 하면 돼'라는 뜻입니다. 자신이 듣기 원하는 대답을 정해 놓고, 상대방에게 질문하는 사람을 비꼬아 부르는 말로 쓰입니다. 네이버 지식백과에는 '이들은 상대방을 시험하거나 자신을 과시하고 자랑하고 싶을 때, 원하는 답변을 정해 놓고 질문을 던지기 때문에 주변 사람들을 고통스럽게 한다.'고 소개합니다.

결론을 정해 놓고 협상을 논하는 것은 말이 되지 않습니다. 설득하려는 사람은 '답정너'와 같습니다. 상대방을 고통스럽게 합니다. 상대방과 협상을 통해 어떤 사안을 합의하고자 한다면 설득하려고 해서는 안 되는 이유입니다.

설득 VS 협상

구분	설득	협상
기대 승부	100 : 0	51 : 49
정보 환경	비대칭	무한 공유
결론 상태	확정	미확정
접근 전략	나의 논리	상대의 니즈 분석
소통 방법	일방향 소통	쌍방향 소통

일잘러를 위한 협상의 기술 2

설득하지 말고 협상하라

1. 설득이란 '상대편이 이쪽 편의 이야기를 따르도록 여러 가지로 깨우쳐 말함'을 뜻합니다. 설득의 기저에는 욕심이 있습니다. 설득은 나만 좋은 일이기 때문입니다. 상대를 설득하려는 시도가 협상을 망치는 근본 원인입니다.

2. 협상이란 '이해관계가 서로 다른 둘 이상의 당사자가 합의하는 과정'입니다. 협상은 설득하는 일이 아닙니다. 협상을 다른 단어로 표현하면 '합의'입니다. 어느 한쪽만 이익을 취하는 합의는 성립될 수 없습니다.

3. 설득은 100 대 0을 기대하는 심리에서 출발합니다. 설득은 내가 상대보다 더 많은 정보를 가져야 가능합니다. 설득은 내 속에서 결론이 정해져 버립니다. 상대방과 합의하고자 한다면 설득하려고 해서는 안 되는 이유입니다.

자신이 생각하는 협상의 정의와 그 이유를 적어보세요.

예시)
협상은 상대방의 선택권을 기획하는 일**이다.**
왜냐하면 인간은 자유를 추구하는 속성이 있다. 어떤 일을 결정할 때 스스로 선택해야 만족감이 극대화되기 **때문이다.**

협상은_____이다.

왜냐하면 _____

_____

때문이다.

협상은 원하는 것을 얻고, 상대를 내 편으로 만드는 과정이다. 왜냐하면 내 목적만 달성하는 협상은 반쪽짜리 협상이다. 목적과 관계, 두 마리 토끼를 모두 잡아야 성공적인 협상이다. 비즈니스 현장에서 한 번 만나고 끝나는 협상은 드물기 때문이다. 장기적인 시각으로 협상을 대해야 하는 이유다.

제3강

상대방의 선택권을 기획하라

선택권(Right of Choice)
대비효과(Contrast Effect)
제안서 채택의 비밀
레스토랑 메뉴판의 비밀
유능한 공인중개사의 협상법
협상은 사기가 아니다

제3강
상대방의 선택권을 기획하라

설득과 협상의 차이를 이해했다면, 이제 본격적인 협상 이야기로 들어가 보겠습니다. 그렇다면 설득하지 않고 어떻게 원하는 것을 얻을 수 있을까? 어떻게 상대를 움직여 나의 협상 목표를 달성할 수 있을까요?

무언가를 잘하기 위해서는 정의를 바로 세워야 한다는 말이 있습니다. 협상도 마찬가지입니다. 협상을 다음과 같이 정의하면 질문에 대한 해답이 보입니다.

협상 = 상대방이 선택할 수 있도록 기획하는 일

협상은 양측이 만나 서로의 의견을 교환하는 장면이 주가 아닙니다. 흔히 말하는 협상 테이블의 모습은 전체 과정 중 20%도 채 되지 않습니다. 협상의 8할은 준비입니다. 정보를 조사하고, 목표를 수립하며, 어젠다를 분석해 협상안을 만드는 과정이 대부분을 차지합니다. 그래야 협상을 잘할 수 있습니다. 협상은 상대방이 선택할 수 있도록 준비하고, 기획하고, 판을 짜는 일입니다.

그럼, 구체적인 방법과 이론적 배경을 살펴보겠습니다.

협상 프로세스

정보 조사
목표 수립
어젠다 분석

80% 협상 준비

대면 협상

20% 협상 테이블

선택권(Right of Choice)

케이크 하나를 두고 다투는 형제가 있습니다. 둘은 서로 큰 것을 먹겠다며 싸웁니다. 엄마가 아무리 똑같이 나누어 주어도 욕심 많은 동생은 형 것이 더 커 보인다며 떼를 씁니다. 형 역시 물러서지 않고 동생을 밀칩니다. 이런 상황에서 여러분이 부모라면 어떻게 중재할 수 있을까요?

가정에서 흔히 벌어지는 문제입니다. 생각만 해도 속이 터집니다. 보통 엄마라면 "둘 다 먹지 마!"로 상황을 정리해버립니다. 하지만 그 방법으로는 둘의 싸움을 말릴 수 없습니다. 아이 교육에도 역효과입니다. 문제를 해결하기는커녕 더 키운 셈이 됩니다. 자를 가져와 정확히 같은 크기라고 설득해도 아이는 말을 듣지 않습니다. 하나를 더 사온다는 답변도 개운치 않습니다. 매번 그래야 한다는 얘기기 때문입니다.

협상은 중재(仲裁)의 개념을 포함하고 있습니다. 양측 모두 불만이 없도록 합의안을 찾는 일입니다. 이 경우 형과 아우 둘 다 불만이 없어야 성공적인 협상입니다. 한쪽을 설득한다고 되는 일이 아닙니다. 정답은 '선택권'에 있습니다. 형에게 칼을 주며 정확히 반을 자르라고 하고, 동생에게 둘 중 하나를 고르게 하면 됩니다. 형은 스스로 정확히 잘랐으니 어떤 게 주어져도 불만이 없고, 직접 고른 동생은 더더욱 불만이 없을 것입니다. 역할을 바꾸어도 결과는 같습니다.

우리는 스스로 선택한 일에 불만을 가지지 않습니다. 설령 불만이 있더라도 자기 책임이니 드러내기 힘듭니다. 회식 장소로 매번 불평인 직원이 있다면 그에게 선택권을 주면 됩니다. 두세 군데 압축해서 "이번 회식은 김 대리가 정해봐."라고 하면 김 대리의 불만을 없앨 수 있습니다. 협상은 상대가 선택하고 결정하도록 길을 안내하는 일입니다. 그리고 제시한 항목 중 어떤 게 선택될지 예측할 수 있어야 합니다.

자유는 인간의 기본적 속성

대비효과(Contrast Effect)

길에 만 원짜리 한 장과 천 원짜리 한 장이 떨어져 있습니다. 여러분은 어떤 것을 줍겠습니까? 당연히 만 원짜리입니다. 그리고 보니 뭔가 이상합니다. 천 원짜리는 그냥 두고 가시겠습니까? 아니지요. 둘 다 주워야 합니다. 왜 이런 현상이 생길까요?

　질문에는 장치가 있습니다. 우리는 몇 가지 안을 제시하고 선택을 요구받으면 그 안들 중에서 최선의 것을 선택하려는 경향이 있습니다. 더 나은 결정이 있음에도 불구하고 선택지에 갇힙니다. 바로 대비효과 Contrast Effect 때문입니다.

　대비효과란, 서로 다른 성질의 것을 나란히 놓았을 때 어느 하나가 더 크거나 작게 또는 더 두드러지게 드러나는 현상을 말합니다. 인간은 어떤 사람이나 사물에 대해 비교 대상이 있을 때 보다 쉽게 판단을 내립니다. 판단 근거가 명확하다고 생각하기 때문입니다. 따라서 선택지를 어떻게 구성하느냐가 핵심입니다. 상대가 스스로 검토할 수 있는 비교 대상을 함께 제시하는 것이 협상의 기술입니다.

비교 대상이 있으면
더 쉽게 판단을 내립니다.

제안서 채택의 비밀

여러분이 마케팅 제안서를 준비하고 있다고 가정해보겠습니다. 시장조사와 아이디어를 회의를 거쳐 참신한 기획안을 하나 마련했습니다. 그리고 제안서를 작성해 클라이언트의 선택을 받아야 합니다. 어떻게 하면 내 제안서를 무사히 통과시킬 수 있을까요?

제안서를 구성하는 방법은 크게 두 가지입니다. 자신이 검토한 기획안의 타당성을 최대한 어필하는 방법과 검토한 여러 개의 안을 모두 담아 비교표를 만들어 제시하는 방법입니다. 예컨대 제품 홍보 제안서라면 youtube 채널이 가장 효과적이라는 제안서와 youtube, blog, 포털사이트 광고 등의 예산과 장단점을 비교한 제안서가 있습니다. 여러분이 클라이언트라면 어느 제안서에 높은 점수를 주시겠습니까?

후자가 훨씬 좋은 제안서입니다. 전자는 설득의 방법이고, 후자는 협상의 방법이기 때문입니다. 전자는 이미 다 결정하고 채택을 요구하는 형태의 제안서이고, 후자는 클라이언트가 직접 비교 결정할 수 있도록 선택지를 제시하는 제안서이기 때문입니다. 따라서 상대의 선택을 받으려면 여러 안의 장단점을 비교하는 형태로 구성하는 것이 효과적입니다. 물론 제안배경, 목적, 기대효과, 견적 등의 합리성과 타당성은 기본입니다.

A안 VS A안
B안
C안

레스토랑 메뉴판의 비밀

셰프chef인 여러분이 작은 레스토랑을 오픈했다고 가정해보겠습니다. 여러분은 3만 원짜리 세트 메뉴를 주력으로 팔고 싶습니다. 이를 위해 음식 사진이 담긴 홍보물도 예쁘게 만들어놓고 고객들에게 적극 추천하기도 합니다. 가장 자신 있는 요리이기 때문입니다. 하지만 여러분의 바람과는 달리 고객들은 2만 원짜리 세트 메뉴를 가장 선호합니다. 어떻게 하면 고객들에게 3만 원짜리 메뉴를 추천할 수 있을까요?

음식의 맛과 세트 구성 때문이 아니라면 비밀은 메뉴판에 있습니다. 대비효과는 고객들이 메뉴를 고를 때도 어김없이 작동합니다. 아래 두 레스토랑의 메뉴판이 있습니다. 여러분은 어느 쪽 레스토랑에서 3만 원짜리 메뉴를 주문할 확률이 높을까요?

메뉴판 비교

A 레스토랑	B 레스토랑
A SET 10,000원	A SET 10,000원
B SET 20,000원	B SET 30,000원
C SET 30,000원	C SET 50,000원

B 레스토랑입니다. 이유는 역시 대비효과 때문입니다. 연인과 함께 B 레스토랑에 온 고객이라면 A SET를 선택하긴 어렵습니다. 가장 값싼

메뉴를 택했다는 오해가 염려되기 때문입니다. 그렇다고 C SET를 선택하긴 부담스럽습니다. 그 금액이면 훨씬 멋진 장소를 택할 수 있습니다. 그래서 자연스레 B SET가 최선이라는 결론에 이릅니다. 물론 이 선택은 고객 스스로 결정한 일입니다.

B 레스토랑 셰프는 고객들에게 3만 원짜리 메뉴를 추천한 적이 없습니다. 단지 선택지를 기획했을 뿐입니다. 설득한다고 고객을 내 뜻대로 움직일 수 있는 건 아닙니다. 실제로 자주 가는 참치집의 메뉴는 25,000원, 37,000원, 50,000원 세 가지입니다. 여기 오는 고객 90%는 37,000원짜리 메뉴를 선택합니다. 같은 이유입니다.

비교해서 스스로 결정할 수 있는
기회를 제공하라.

유능한 공인중개사의 협상법

여러분이 전원주택을 하나 알아보고 있다고 가정해보겠습니다. 매입가는 5억 원 정도 생각하고 있으며, 이왕이면 멋진 집을 원합니다. 이런 상황에서 유능한 공인중개사들은 놀라운 결과를 끌어냅니다. 여러분에게 5억 7천만 원짜리 집을 팔 수 있습니다. 예산이 5억 밖에 없는데 어떻게 5억 7천만 원짜리 집을 팔 수 있냐고요? 그렇습니다. 잠시 후 여러분은 스스로 선택하게 될 것입니다.

가장 먼저 여러분에게 4억 원짜리 집을 보여드립니다. 당연히 마음에 들지 않습니다. 속으로 짜증이 살짝 납니다. '뭐 이런 집을 보여주는 거야. 좀 더 좋은 거 없어? 나는 예산이 5억 원이나 있단 말이야.' 두 번째는 7억 원짜리 집을 안내합니다. 마음에는 들 것입니다. 하지만 선택할 수는 없습니다. 예산을 훨씬 넘어섭니다. 그리고 마지막으로 여러분에게 5억 7천만 원짜리 집을 소개합니다. 공인중개사의 전략은 여기까지입니다.

여러분은 이제부터 고민이 시작됩니다. 조금 전 보았던 7억 원짜리 집이 계속 머릿속을 맴돕니다. 정원, 거실과 주방, 화장실의 인테리어가 기억에 남습니다. 그 집을 기준으로 5억 7천만 원짜리 집을 비교하게 됩니다. 4억 원짜리 집보다는 월등히 좋습니다. 7억 원짜리 집만큼은 아니지만 가격을 감안하면 충분히 멋진 집입니다. 이제 여러분이 결정을 내릴 차례입니다. 예산보다 7천만 원 더 투자할 용의가 생기지 않으십니까?

협상의 프로세스를 기획하라

협상은 사기가 아니다

"그렇게 하는 건 사기 아닌가요?"

간혹 질문을 받을 때가 있습니다. 상대의 선택을 이끌어내려는 나쁜 의도 같다는 얘기입니다. 하지만 생각해봐야 할 것이 있습니다. 앞의 과정이 5억 원짜리를 5억 7천만 원에 팔려는 의도라면 사기 맞습니다. 이건 협상이 아니라 그야말로 사기입니다. 하지만 공인중개사는 현재 5억 원짜리 매물이 없습니다. 특별한 경우도 아닙니다. 상대의 요구를 들어줄 수 없을 때 우리는 협상이 필요합니다.

고객인 여러분에게 "5억 원짜리는 없고 5억 7천만 원짜리가 있는데, 7천만 원만 더 투자하면 멋진 집을 살 수 있습니다."라고 말한다면 어떻게 하겠습니까?

설득의 방법으로는 내 목표도 달성할 수 없고, 상대도 만족시킬 수 없습니다. 최악의 협상입니다. 그와 달리 선택지를 만들어서 상대 스스로 비교 검토할 수 있도록 프로세스를 기획하는 일은 사기가 아니고 매우 훌륭한 협상입니다. 양측이 모두 목표를 달성하고, 무엇보다 서로 만족한 결과를 얻기 때문입니다.

앞서 소개한 제안서 채택의 비밀과 레스토랑 메뉴판의 비밀 그리고 유능한 공인중개사의 비결은 모두 하나같이 대비효과를 활용한 협상법입니다. 어떤 결정을 내릴 때 스스로 비교해서 선택하려는 인간의 심리를 이해하고 연구한 결과입니다. 같은 맥락으로 여러 분야에 적용해 볼 수 있을 것입니다. 이러한 협상이 효과적인 이유는 우리 뇌와도 관련이 깊습니다. 뇌 과학에서는 이를 '인지적 구두쇠'라고 부릅니다.

인지적 구두쇠(Cognitive Miser)

1984년 미국 프린스턴대 수잔 피스크 교수와 UCLA의 셸리 테일러 교수가 발표한 이론으로, 사람들은 최대한 간단하고 두뇌의 에너지를 적게 쓰는 방식으로 문제를 해결한다는 것이다. 이는 현대인들의 깊이 생각하기 싫어하는 기조를 빗대는 용어로, 구두쇠가 한 푼의 돈을 아끼듯이 인간은 '생각'을 아낀다는 뜻이다.

우리가 정확한 판단을 내리기 위해서는 모든 정보를 탐색하고, 수집하고, 추론하고, 결정하는 과정 등을 거쳐야 하지만 상당수 사람들은 생각하고, 판단하는 데 있어 과도한 에너지나 자원을 사용하는 것을 원하지 않는다. 즉, 이러한 과정들을 번거롭게 생각하기 때문에 쉬운 방법으로 가볍게 판단을 내리는 경우가 많다는 것이다.

이에 인지적 구두쇠 이론은 사회 전반에서 발견되는 사람들의 비이성적인 결정을 설명하는 데 많이 활용된다. 특히 인지적 구두쇠 행위의 대표적인 예로 고정관념이나 편견을 들 수 있다. 〈출처 : 네이버 지식백과〉

협상 = 상대 스스로 비교 검토 후 결정할 수 있도록 길을 안내하는 일

일잘러를 위한 협상의 기술 3

상대방의 선택권을 기획하라

1. 인간은 자유를 추구하는 속성이 있습니다. 스스로 선택하고 결정할 때 만족감이 커집니다. 따라서 협상을 '상대가 선택할 수 있도록 기획하는 일'로 정의하면 실마리가 풀립니다. 협상은 상대가 결정하도록 길을 안내하는 일입니다.

2. 우리는 몇 가지 안을 제안받아 선택해야 할 때, 그 안에서 최선의 것을 선택하려는 경향이 있습니다. 더 나은 결정이 있음에도 불구하고 선택지에 갇힙니다. 바로 대비효과(Contrast Effect) 때문입니다.

3. 인간은 어떤 사람이나 사물에 대해 비교 대상이 있을 때 보다 쉽게 판단을 내립니다. 판단 근거가 명확하다고 생각하기 때문입니다. 따라서 상대가 스스로 검토할 수 있는 비교 대상을 함께 제시하는 것이 협상의 기술입니다.

EXERCISE

다음 항목 중 자신이 생각할 때 가장 중요한 것부터 우선순위를 매겨보세요.

협상 기술	경청 능력	대인관계	꼼꼼한 성격
정보 수집	팀워크 능력	리더십	승부 근성
배경 지식	감정 통제	공감 능력	협상 이론

1위. _____   2위. _____

3위. _____   4위. _____

5위. _____   6위. _____

7위. _____   8위. _____

9위. _____   10위. _____

11위. _____   12위. _____

OTHER WAYS

1위. 협상 이론	2위. 협상 기술
3위. 정보 수집	4위. 배경 지식
5위. 경청 능력	6위. 공감 능력
7위. 감정 통제	8위. 스피치 능력
9위. 팀워크 능력	10위. 꼼꼼한 성격
11위. 대인관계	12위. 승부 근성

순위 근거

협상은 기술 혹은 훈련의 영역입니다. 타고난 재능이 아니라, 학습과 노력으로 누구든지 협상력을 높일 수 있습니다. 따라서 협상을 둘러싼 이론을 이해하는 것이 우선입니다. 모르는 것을 잘할 순 없습니다. 다음으로 이론을 실행하는 커뮤니케이션 기술이 필요합니다. 아는 것과 행하는 것은 다른 영역이므로 반복 훈련이 필요합니다. 끝으로 타고난 성격 등을 꼽을 수 있을 것입니다.

제4강

상대가 51 대 49로
이겼다고 생각하게 하라

죄수의 딜레마(Prisoner's Dilemma)
윈윈협상(Win-Win Negotiation)에 관하여
최후통첩 게임(Ultimatum Game)
누구를 위한 윈윈(Win-Win)인가
힘의 균형(Balance of Power)
공정성(Fairness)
협상 51 대 49 법칙

제4강
상대가 51 대 49로 이겼다고 생각하게 하라

성공적인 협상은 어떤 협상일까요?

협상의 궁극적 목적에 관한 질문입니다. 협상을 통해 내가 이루고자 하는 게 무엇인지 명확히 알아야 협상을 잘할 수 있습니다. 당연한 얘기입니다. 하지만 많은 사람이 그러질 못합니다. 성공적인 협상에 관한 올바른 기준이 없으니 이해득실을 따지지 않고 이기는 데에만 급급합니다. 자신은 이익에 따라 행동하면서 상대에게 원원하기를 권유합니다. 모두가 성공적인 협상과는 거리가 먼 장면입니다.

강의에서 물으면 대부분 '원원협상'을 성공적인 협상이라 답합니다. 이에 대해 몇몇은 '이론과 현실은 다르다'며 '이기는 협상'을 이야기합니다. 둘 다 협상을 설명하기에 부족함이 많습니다. '원원협상'은 왠지 모르게 이상적인 말 같고, '이기는 협상'은 오히려 역효과가 난다는 것을 경험으로 알기 때문입니다.

결론부터 말하면 '윈윈협상'이 성공적인 협상 맞습니다. 여기에 반론을 제기하긴 어렵습니다. 문제는 그럼에도 윈윈협상이 잘 이루어지지 않는다는 점입니다. 예컨대 A도 '윈윈협상'을 추구하고, B도 윈윈으로 협상하기를 원합니다. 그런 A와 B가 협상하면 윈윈의 결과를 이끌어낼 수 있을까요? 그렇다고 말하긴 힘듭니다. '윈윈협상'은 의지만으로 되는 일이 아니란 점을 알 수 있습니다.

해답은 바로 안 되는 이유에 있습니다. 도대체 왜 '윈윈협상'이 잘 안 될까요?

죄수의 딜레마(Prisoner's Dilemma)

경제학에 게임이론Theory of Games 이란 게 있습니다. '경쟁상대의 반응

*게임이론은 폰 노이만(John von Neumann)과 모르겐슈테른(Oskar Morgenstern)이 1944년에 공저한 [게임이론과 경제 행태(Theory of Games and Economic Behavior)]가 발간되면서 본격적으로 발전되기 시작했다. 〈출처 : 네이버 지식백과〉

을 고려해 자신의 최적 행위를 결정해야 하는 상황에서 의사결정 행태를 연구하는 이론'입니다. 쉽게 말해 경쟁자와의 상호작용, 즉 협상에서 나타나는 현상 및 의사결정 심리를 설명하는 이론입니다. 대표적으로 죄수의 딜레마Prisoner's Dilemma 가 있는데, 이를 통해 '윈윈협상'이 안 되는 이유를 엿볼 수 있습니다.

경찰이 두 명의 범죄 조직원을 체포했습니다. 그런데 이들을 기소하기에는 아직 증거가 부족한 상황입니다. 경찰은 이들에게 자백을 받아 범죄를 입증할 계획을 세웁니다. 그리고 둘을 각각 독방에 수감하고, 다음과 같이 동일한 제안을 합니다.

자백을 하면 석방을 시켜주고, 묵비권을 행사하면 징역을 받게 됩니다. 공범 A가 자백을 하면, A는 석방되고 B는 징역 3년을 받습니다. 이는 B가 자백을 했을 때도 마찬가지입니다. B는 석방되고 A는 징역 3년을 받게 됩니다. 그러나 공범 A, B가 모두 자백을 하면 어느 한쪽만 혜택을 주긴 어렵습니다. 각각 징역 2년 형을 받게 될 것이며, 만약 둘 다 자백하지 않고 묵비권을 행사한다면 증거불충분으로 중형을 선고하긴 어렵습니다. 각각 징역 6개월을 선고받게 됩니다. 만약 여러분이 A 혹은 B라면 어떤 선택을 하시겠습니까?

죄수의 딜레마 상황

공범B 공범A	묵비권(협력)	자백(배신)
묵비권(협력)	징역 6개월	공범 A : 징역 3년 공범 B : 석방
자백(배신)	공범 A : 석방 공범 B : 징역 3년	징역 2년

A의 경우 상대가 묵비권을 행사하면 자신은 자백을 선택하는 게 우월한 전략입니다. 6개월 징역보다 석방이 현명한 선택이기 때문입니다. 그리고 B가 자백을 선택하면 자신은 3년 아니면 2년 형을 선고받게 됩니다. 역시 자백이 우월한 전략입니다. 따라서 A는 상대가 묵비권을 행사하든 자백을 선택하든 자신은 자백을 하는 게 최선이라는 결론에 이릅니다.

이처럼 서로가 묵비권을 행사하면 양측 모두에게 최선의 결과를 도출함에도 불구하고 우리는 모두 자백을 선택하게 된다는 게 '죄수의 딜레마' 이론의 요지입니다. 협력적 선택이 자신은 물론 상대에게도 최선인 줄 알지만, 양측은 모두 묵비권을 행사하기 힘듭니다. 왜 이런 현상이 생기는 것일까요?

경쟁이냐, 협력이냐
그것이 문제로다!

윈윈협상(Win-Win Negotiation)에 관하여

윈윈하려면 내가 무언가를 양보해야 합니다. 여기에는 상대도 그래야 한다는 전제가 있습니다. 그런데 상대방 생각도 나와 같은지는 보장하기 어렵습니다. 때문에 양측은 섣불리 협력하기 어렵습니다. 만약 그럼에도 윈윈협상을 위해서 내가 먼저 양보한다면 잘한 협상일까요? 꼭 그렇지는 않습니다. 게다가 모든 권한을 가진 위치가 아니라면 더더욱 안 되는 일입니다. 실무자인 여러분이 윈윈협상을 위해 많은 것을 양보하고 돌아왔다면 회사에서 잘한 일이라고 칭찬하겠습니까?

'죄수의 딜레마'는 '윈윈협상'이 힘든 이론적 배경이 됩니다. '두 사람의 협력적인 선택이 둘 모두에게 최선의 선택임에도 불구하고 자신의 이익만을 고려한 선택으로 자신뿐만 아니라 상대방에게도 나쁜 결과를 야기하는 현상'을 말합니다. '윈윈협상'이 양측 모두에게 최선인 줄 서로가 알지만 막상 협력을 선택하기 힘들다는 얘기입니다. 비즈니스 환경이 그렇고 우리 삶의 많은 관계가 그렇습니다. 이는 해결해야 할 문제가 아니라 이해하고 받아들여야 할 자연스러운 현상입니다.

원인은 '신뢰' 때문입니다. 상대가 협력하리라는 믿음이 있다면 '윈윈협상'은 어렵지 않습니다. 하지만 비즈니스 환경은 그렇지 않습니다. 서로를 잘 알지 못하는 상태에서 양측의 이익과 손해를 두고 협상을 합니다. 따라서 신뢰가 있어야 협상을 잘할 수 있다든가, 신뢰가 없어서 협상을 망쳤다는 말은 논리에 맞지 않습니다. 신뢰는 협상의 전제조건이 아니라 성공적인 협상의 결과물입니다. 협상은 서로의 니즈를 분석하며 신뢰를 쌓아가는 과정입니다.

그러므로 모든 협상은 윈윈보다 경쟁으로 시작하기 마련입니다. 당연한 이치입니다. 여기서부터 출발해야 합니다. 하지만 협상 과정에서 협력하지 않고 각자의 이익만 고집한다면 양측 모두 손해입니다. 그렇다고 양보가 답은 아닙니다. 적절한 견제와 협력이 필요합니다. 이를 이해하고 조율하는 방법이 협상의 기술입니다. '윈윈협상'은 마땅히 '해야 하는 것'이 아닙니다. 양측이 서로의 이익을 위해 '만들어가는 것'입니다.

윈윈협상 = 서로의 이익을 위해 이끌어내야 하는 것

최후통첩 게임(Ultimatum Game)

협상과 심리학은 떼려야 뗄 수 없는 관계입니다. 인간이 의사결정을 내리는 원리를 설명할 수 있기 때문입니다. 이익과 손해가 걸린 협상에서 우리가 어떻게 결정을 내리는지 그 근거를 알 수 있습니다. 이를 통해 상대를 좀 더 객관적으로 이해하고 상대방의 선택과 판단을 예측해볼 수 있습니다.

협상교육에 활용하는 실험 중에 '최후통첩 게임'이란 게 있습니다. 이역시 게임이론 중 하나로 독일의 경제학자 베르너 귀스Werner Güth가 만든 실험입니다. 실험내용은 매우 단순합니다. A가 B에게 정해진 돈의 분배 비율을 일방적으로 제안하고, B가 이를 수락하거나 거절하면 끝나는 실험입니다. 구체적인 내용은 다음과 같습니다.

A와 B가 짝을 지어 10만 원을 나누어 갖는 게임입니다. 둘은 완전히 낯선 사이로 앞으로도 영원히 만날 가능성이 없는 관계입니다. 체면이나 눈치를 볼 필요가 전혀 없으며 어떤 판단이든 자유롭게 내릴 수 있습니다. 이제 A가 B에게 10만 원 중 일정 비율을 제안하고, B는 수용 여부를 선택하면 됩니다.

만약 B가 제안을 받아들이면 제안대로 돈을 나누어 가질 수 있지만, B가 A의 제안을 거절할 경우 돈을 모두 반납해야 합니다. B는 물론 A도 전혀 갖지 못합니다. 그리고 게임은 단 한 번만 시행합니다. 자, 여러분이 A라면 얼마를 제안하시겠습니까?

최후통첩 게임(Ultimatum Game)

당신에게는 공짜돈 10만 원이 주어졌습니다.
그리고 받은 돈의 일부를 B에게 나눠줘야 합니다.

당신의 제안을 B가 수용하면
제안대로 각자 돈을
나누어 가질 수 있지만

만약 B가 거절하면
B는 물론 당신도 돈을
전혀 받을 수 없습니다.

누구를 위한 원원(Win-Win)인가

실험 결과 많은 사람이 6 대 4를 제안했으며, 상당수는 반반씩 나누자고 제안하기도 했습니다. 강의에서 경험한 결과도 다르지 않습니다. 대부분 5 대 5나 6 대 4를 제안합니다. '원원협상'을 한 셈입니다. 이유를 물어보면 재미있는 현상을 발견할 수 있습니다. '내 이익만 생각하지 않고 상대를 배려해서'라고 말하는 사람이 있는가 하면, 'B가 거절해버리면 내 손해가 크기 때문'이라고 답하는 사람도 있습니다. 과연 어느 쪽이 더 합리적인 이유일까요?

해답은 조건을 변경하면 곧바로 알 수 있습니다. 만약 B에게 거부권이 없다면 여러분은 얼마를 제안하시겠습니까? 이른바 독재자 게임

Dictator game입니다. 1986년 심리학자 다니엘 카너먼Daniel Kahneman과 동료들에 의해 발전된 게임입니다. 자신이 절대 권한을 가지고 있을 때 우리가 어떻게 결정하는지 알 수 있습니다.

자, 이제 이야기는 달라집니다. 6 대 4나 5 대 5를 제안하던 사람도 마음이 바뀌는 모습을 쉽게 발견합니다. 그렇다면 앞의 질문을 다시 한번 해보겠습니다. 최초 최후통첩 게임에서 A인 여러분이 6 대 4나 5 대 5를 제안한 이유가 상대를 배려해서입니까, 아니면 자신의 손해를 방어하기 위해서입니까? 그렇습니다. 후자라고 보는 게 더 합리적입니다. 상대를 배려해서라면 거부권이 있든 없든 결과가 다르지 않아야 할 것입니다.

이를 통해 알 수 있는 사실은 '윈윈협상'은 상대를 위한 게 아니라는 점입니다. 우리 모두는 상대의 이익을 위해서 협상하지 않습니다. 그럼에도 '윈윈협상'을 해야 하는 이유는 그렇지 않으면 내가 손해 보기 때문입니다. A가 6 대 4나 5 대 5를 제안하지 않으면 B가 거절할 것이고, 결과적으로 A가 손해를 보기 때문에 호의적인 제안을 한 것입니다.

비즈니스 협상도 똑같습니다. 한쪽이 다른 쪽을 위해 희생하는 협상은 기대하기 힘들며 또 그런 관계는 오래가지 못합니다. 상대를 위해 먼저 양보했다고 말하지만 실은 거래의 성사 혹은 장기적 관계를 유지하기 위한 일입니다. 이 역시 자신의 이익을 고려한 판단입니다. 때문에 상대에게 윈윈을 기대하거나 윈윈하지 않는다고 비난하는 것은 어리석은 일입니다. '윈윈협상'은 다름 아닌 자신을 위한 일입니다.

우리는 유전자로 알려진
이기적인 분자를 보존하기 위해
맹목적으로 프로그램된 **로봇 운반자**다.
우리가 협력을 하는 이유는
그게 나에게 더 이익이기 때문이다.
이기적 유전자 = 협력적 유전자

이기적 유전자
저자 리처드 도킨스
(출처 : 예스24)

'윈윈협상'은 자신의 이익을 위한 것

힘의 균형(Balance of Power)

최후통첩 게임과 독재자 게임의 차이는 '힘의 균형'에 있습니다. 최후통첩 게임은 상대 제안을 견제할 수 있는 거부권이 있는 반면, 독재자 게임은 일방적 통보로 끝납니다. 전자는 협상이 가능하지만 후자는 협상이 불가능한 구조입니다. 상대 제안에 영향을 미치는 최후통첩 게임과는 달리 독재자 게임은 상대 호의에 기댈 수밖에 없습니다. 이를 통해 알 수 있는 사실은 협상의 본질입니다. 협상은 힘의 균형이 존재해야 가능하다는 사실입니다.

최후통첩 게임 VS 독재자 게임

구분	최후통첩 게임	독재자 게임
관계 구조	협상 가능	일방적 통보
힘의 균형	존재	존재하지 않음
최종 결정권	제안받는 자	제안하는 자
최소 기대값	최소 30% 기대	상대의 호의에 기대

여기서 '균형'은 같은 크기를 얘기하는 것은 아닙니다. 상대 제안에 영향을 미치거나 견제할 수 있는 정도를 말합니다. 100 대 0만 아니면 해볼 수 있다는 얘기입니다. 아무리 힘이 약한 을乙이라도 갑甲과 협상 테이블에서 만난다면 마냥 불리한 협상은 아닙니다. 갑甲도 아쉬운 게

있다는 반증이기 때문입니다. 그리고 갑甲이라고 반드시 협상을 잘하는 것도 아닙니다.

물론 협상은 힘의 크기에 따라 유불리가 불가피합니다. 구매력이 있고 대안이 많은 대기업이 반드시 계약을 따내야 하는 중소기업보다 유리하고, 결정 권한을 가진 임원이 그렇지 않은 실무자보다 유리하기 마련입니다. 하지만 그렇기 때문에 오히려 협상력이 필요한 쪽은 을乙입니다. 협상은 내가 가진 힘의 크기보다 작은 힘이라도 어떻게 활용하는지가 더욱 중요합니다. 더불어 자신의 힘을 키울 수 있는 노력을 계속해서 기울여야 할 것입니다.

협상의 본질은 힘의 균형

공정성(Fairness)

최후통첩 게임의 결론은 '공정성Fairness'입니다. 10만 원을 나누는 게임에서 여러분이 만약 2만 원을 제안받는다면 어떻게 하시겠습니까? 실험에서 20% 미만을 제안받은 상당수는 거절을 선택합니다. 경제학자는 이점에 의문을 품습니다. 고전 경제학에 따르면 인간은 이성적이고 합리적인 존재로서 2만 원을 포기하면서까지 거절할 이유가 없기 때문입니다. 하지만 결과는 달랐습니다. 이를 통해 인간은 자신의 이익 못지않게 공정성을 대단히 중요한 가치로 여긴다는 결론에 이릅니다.

그렇습니다. 우리는 공정하지 못한 제안은 거절하려는 심리가 있습니다. 상대의 이기적인 결정은 그냥 두고 볼 수 없는 일입니다. 내 손해를 감내하고서라도 방어하려는 행동을 보입니다. 거칠게 표현하면 '내가 손해를 좀 보더라도 너 잘되는 꼴은 못 봐!'라는 심리가 있습니다. 나아가 공정성은 저항의 명분을 제공합니다. 많은 사람이 시간과 돈을 들여서라도 공정성을 위해 시위에 나서는 이유입니다.

공정하다고 느낄 때

불공정하다고 느낄 때

따라서 협상안은 공정성을 기반으로 할 때 효력을 발휘합니다. 또한 공정성은 매우 주관적인 개념입니다. 때문에 내 입장이 아니라 상대 입장에서 접근하는 게 중요합니다. 노사 간 임금협상에서 인상률을 제안할 때 동종업종 인상률 혹은 과거 수익률 대비 인상률 추이를 근거로 제시하면 공정한 제안이라 말할 수 있습니다. 비즈니스 거래에서 단가 인상을 요청할 때 물가인상률 혹은 원재료 가격 인상률과 비교해서 제시하면 훨씬 효과적입니다. 상대가 보기에도 공정한 제안이기 때문입니다.

공정한 제안입니까?

협상 51 대 49 법칙

성공적인 협상의 요건은 크게 두 가지입니다. 하나는 나의 목표이고, 다른 하나는 상대방의 목표입니다. 양측의 목표가 충족될 때 합의가 이루어지기 때문입니다. 내 목표를 달성하지 못하면 아쉬움이 남는 협상이고, 상대방이 목표를 달성하지 못하면 계속적 관계에 금이 생깁니다. 또다시 볼일 없는 사람이 아니라면 내 목표만 생각해선 안 됩니다. 당장은 몰라도 길게 보면 부족한 협상입니다. 성공적인 협상을 위해서는 상대방의 만족 혹은 장기적인 관계까지 고려해야 하는 이유입니다.

현실적으로 어려운 일 아니냐고 반문하는 사람도 있습니다. 하지만 그렇지 않습니다. 협상을 통해 이루고자 하는 궁극적 목표는 서로 다르기 때문입니다. 영업 사원의 궁극적 목표는 비싼 가격에 파는 것이 아니라 장기 거래처 확보입니다. 고객 혹은 구매 기업의 궁극적 목표는 싸게 사는 것만 있는 게 아닙니다. 질 좋은 제품을 합리적 가격에 사는 것, 원료 혹은 제품을 안정적으로 공급받는 것, 그리고 문제가 생겼을 때 서로 배려하며 원만히 해결할 수 있는 거래처를 확보하는 것 등이 더욱 중요한 목표입니다. 양측이 원만한 협상을 통해 서로의 목표와 니즈를 분석하면 충분히 가능한 일입니다.

이제 결론을 내리겠습니다.

승부가 어느 한쪽으로 기우는 협상은 바람직하지 않습니다. 원한다고 되는 일도 아니지만 부작용이 많기 때문입니다. 누가 봐도 50 대 50으로 결론 나는 협상이 좋은 협상입니다. 그리고 내 목표는 달성하되 협상의 승리감 혹은 만족감은 상대방에게 넘겨 주는 게 좋습니다. 이를 요약해 성공적인 협상을 '협상 51 대 49 법칙'이라고 정의합니다.

최고의 협상 = 상대가 51 대 49로 이겼다고 생각하게 만드는 협상

일잘러를 위한 협상의 기술 4

상대가 51 대 49로 이겼다고 생각하게 하라

1. 모든 협상은 윈윈보다 경쟁으로 시작하기 마련입니다. 하지만 협상 과정에서 협력하지 않고 각자의 이익만 고집한다면 양측 모두 손해입니다. '윈윈 협상'은 마땅히 해야 하는 것이 아니라 서로의 이익을 위해 '만들어가는 것'입니다.

2. '윈윈협상'은 다름 아닌 자신을 위한 일입니다. 어느 누구도 상대의 이익을 위해서 협상하지 않습니다. 상대에게 윈윈을 기대하거나 윈윈하지 않는다고 비난하는 것은 어리석은 일입니다. 견제와 협력이 동시에 필요한 이유입니다.

3. 승부가 어느 한쪽으로 기우는 협상은 바람직하지 않습니다. 한쪽이 다른 쪽을 위해 희생하는 비즈니스 관계는 오래가지 못합니다. 목표는 달성하되 상대가 51대 49로 이겼다고 생각하게 만드는 것이 최고의 협상입니다.

EXERCISE

협상은 강자보다 약자에게 더욱 필요한 역량입니다. 동화 속 <토끼와 거북이> 이야기를 예로 들어보겠습니다. 여러분이 만약 거북이라면 이 경기의 전략을 어떻게 세우시겠습니까?

아주 먼 옛날 거북이와 토끼가 누가 더 빠른지를 두고 다퉜습니다.
둘은 직접 달리기 시합을 해서 결판 짓기로 했죠.

경기 전략

_____

_____

_____

_____

_____

OTHER WAYS

첫째, 이번 경주를 거부할 전략을 세웁니다. 현재로선 실력차이가 너무 많이 납니다. 해봤자 질 게 뻔한 경주입니다. 협상가는 무모한 도전을 해선 안 됩니다. 그러나 만약 경주를 해야만 하는 상황이라면?

둘째, 경주 방식(Rule)을 바꿔 역제안합니다. 현재의 경주는 토끼에게 절대적으로 유리한 코스입니다. '공정성'을 내세워 평지와 강이 50대 50인 코스로 변경합니다. 만약 그 제안을 토끼가 거부한다 해도 괜찮습니다. 이제 토끼가 경주를 거부한 셈입니다.

그러나 이 경주의 최선은 둘 모두 최고의 기록을 세우는 것입니다. 그렇다면 혼자는 힘듭니다. 협력이 필요합니다. 평지는 토끼가 거북이를 엎고 달리고, 강에서는 거북이가 토끼를 엎고 달립니다. 협상이 필요한 이유입니다.

협상 전에
'플랜 B'부터 확보하라

협상 대상자를 둘 이상 확보하라
배트나(BATNA)의 힘
영업사원의 배트나(BATNA) 활용법

제5강

협상 전에 '플랜 B'부터 확보하라

여러분이 기업의 구매담당자라고 가정해보겠습니다. 여러분은 생산 팀의 요청에 따라 내년에 필요한 부품 K-2020 물량을 안정적으로 확보해야 합니다. 필요한 수량은 약 5만 개이며, 구매 계약 체결 기한은 다음 달 말일까지입니다.

기업에서 흔히 있는 구매 협상 사례입니다. 공급 업체의 신뢰도, 품질, 납기 등 고려해야 할 사항이 많지만 관건은 가격일 것입니다. 어느 정도의 원가를 절감할 수 있느냐가 구매담당자의 과제입니다. 그러나 잊지 말아야 할 점이 있습니다. 이번 협상의 가장 큰 목표는 부품의 안정적 수급입니다.

질문드립니다. 이 경우 여러분이 가장 먼저 해야 할 일은 무엇일까요?

협상 대상자를 둘 이상 확보하라

어렵지 않은 문제입니다. 구매업무를 조금이라도 해본 사람이라면 쉽게 답할 수 있습니다. 견적 요청입니다. 처음부터 업체를 만나 가격협상을 하려는 사람은 없습니다. 시장조사를 통해 납품 가능한 서너 군데 업체를 찾아 견적을 받아보는 일부터 해야 합니다. 너무나 당연한 이야기 같지만 이 과정은 협상을 이해하는 데 매우 중요한 포인트입니다. 협상을 시작할 때 가장 먼저 생각해야 할 점이 바로 협상 대상자를 둘 이상 확보하는 것입니다.

이를 한 단어로 설명하는 협상 용어가 있습니다. 배트나_{BATNA}입니다. 하버드대학교 협상문제연구소 로져 피셔 교수가 만들어낸 용어로 'Best Alternative To Negotiated Agreement'의 첫 글자를 딴 약자로 '협상 결렬을 대비한 최선의 대안'이라는 뜻입니다. 쉽게 말해 결렬을 가정하고 그 이후를 미리 준비하라는 조언입니다. 이번 협상이 깨어졌을 때 선택할 수 있는 '플랜 B'를 사전에 확보해야 좀 더 유리한 협상을 펼칠 수 있다는 얘기입니다.

앞의 사례에 대입해보겠습니다. A업체를 선정해 협상을 진행하는데, 입장차가 커 협의가 잘되지 않는 경우가 있습니다. 이럴 때 배트나를 확보해 협상 대상자를 둘 이상 두었다면 A업체와 협상을 깨고, B업체를 선택할 수 있습니다. 이 경우 B업체가 이번 협상의 배트나입니다.

하지만 배트나 없이 A업체만 믿고 협상을 진행한다면 상대적으로 불리해집니다. 가격을 떠나 부품의 안정적 수급에 차질이 생기기 때문에 어쩔 수 없이 받아들일 수밖에 없는 경우가 생깁니다. 따라서 협상은 선택권이 다양한 쪽이 훨씬 유리하기 마련입니다. 가능하면 협상 대상자를 다양하게 확보해야 하는 이유입니다.

배트나(BATNA) = 플랜(Plan) B

배트나(BATNA)의 힘

배트나의 효과는 공급자의 심리를 자세히 들여다보면 알 수 있습니다. 노련한 영업사원은 협상 초기에 구매자의 말투나 태도 등 전해오는 메시지를 통해 상대 처지를 파악합니다. 이를 바탕으로 협상의 태도를 결정합니다. 밀고 당기는 경쟁적 협상을 할 것인지, 협력과 수용으로 상대를 유인할 것인지 계획합니다. 그리고 협상 목표, 제안 수준, 협상의 양보 범위 등을 결정합니다.

　이때 경쟁자가 없고, 시간이 촉박하며, 반드시 사야 하는 부품이라는 분위기를 감지하면 굳이 저자세로 협상하지 않습니다. 그런 접근이 반드시 유리하지는 않다는 점을 경험으로 알기 때문입니다. 오히려 앓는 소리를 하는 모습을 종종 봅니다. 생산과 납기의 어려움, 원가 인상 등을 이유로 가격조정을 차단하며 구매자를 조급하게 만드는 협상이 가능하기 때문입니다.

　반면, 규모 있는 구매자가 협상에 나서지 않고 견적만 요청한다면 입장이 달라집니다. 게다가 다른 업체 서너 군데도 함께 검토하고 있다는 메시지를 받으면 왠지 모르게 조급해집니다. 경쟁자가 누구며 어느 선에서 가격을 제시하는지 조사하고 그에 맞춥니다. 구매자로선 굳이 힘들이지 않고 상대 제안 값을 낮추는 효과가 있습니다. 배트나의 힘입니다. 대표적 방법이 입찰입니다. 정부나 기업의 경쟁 입찰은 배트나 개념을 십분 활용한 구매협상 방법입니다.

　이처럼 배트나는 힘의 우위를 결정합니다. 갑을관계를 결정하는 힘의 실체는 규모나 지위가 아니라 배트나입니다. 중소기업이라도 자기를 찾는 대상 즉, 배트나가 많으면 대기업을 상대로 갑甲입니다. 직장인이 연봉협상을 앞두고 오라는 곳이 있다면 회사를 상대로 갑甲입니다. 어떻게 해야 배트나를 다양하게 확보할 수 있을까요? 정답은 어렵지 않습니다. 남들이 탐내는 차별화된 기술과 실력을 갖춘다면 얼마든지 가능한 일입니다.

갑을관계는 배트나로 결정됩니다.

영업사원의 배트나(BATNA) 활용법

한편 배트나는 영업사원에게도 매우 중요합니다. 팔 수 있는 대상이 다양할수록 영업사원에게 유리한 건 당연한 얘기입니다. 하지만 영업사원의 경우 A거래처와 협상할 때 배트나 B를 활용할 수는 없는 일입니다. '당신에게 팔지 않아도 나는 B가 있어요.'라는 메시지는 계약하지 않겠다는 소리입니다. 영업사원에게 배트나는 또 다른 의미를 가집니다. 바로 자신감과 관련 있습니다.

A거래처를 반드시 뚫어야 하는 영업사원이 있습니다. 회사의 목표나 개인의 실적을 위해 매우 중요한 거래처입니다. 이런 경우 영업사원은 A거래처와 만족스런 협상을 기대하기 어렵습니다. 배트나가 없기 때문입니다. 상대가 요구하는 조건을 수용할 수밖에 없습니다. 하지만 실적 달성을 위해 A에만 매달리지 않고 영업대상을 발굴해 B 혹은 C로 확대시킨다면 얘기는 달라집니다. 을乙의 입장인 건 똑같지만 A의 요구조건을 마냥 수용하지는 않을 것입니다. 협상을 대하는 자세가 달라집니다.

비록 내가 '을'이지만
끌리지 않아

BATNA

BATNA

BATNA

갑甲 　　　　 을乙

영업 성과를 수식으로 표현하면 '성과=영업대상×확률'로 표시할 수 있습니다. 따라서 성과를 높이려면 확률을 높이거나 영업대상을 늘리는 방법이 있습니다. 이 둘 중 확률을 높이는 방법은 쉽지 않거니와 예측하기 어렵습니다. 영업대상을 늘리는 방법이 실질적 해법입니다. 배트나를 개발하면 성과를 높일 수 있습니다. A거래처에 제안서를 보내면서 유사 업종인 B, C, D사도 발굴해 같이 보낼 것을 추천합니다. 마음이 한결 가볍고 협상에 대한 자신감이 커질 것입니다.

영업사원에게 배트나는
자신감이다.

일잘러를 위한 협상의 기술 5

협상 전에 '플랜 B'부터 확보하라

1. 협상을 시작할 때 가장 먼저 점검해야 할 점은 협상 대상자를 둘 이상 확보하는 것입니다. 협상 결렬을 가정하고 그 이후를 미리 준비하라는 조언입니다. '플랜 B'를 사전에 확보하면 훨씬 더 유리한 협상을 펼칠 수 있습니다.

2. 배트나는 힘의 우위를 결정합니다. 갑을관계를 결정하는 힘의 실체는 규모나 지위가 아니라 배트나입니다. 을(乙)이라도 갑(甲)에게 밀리지 않는 협상을 가능하게 합니다. 남들이 탐내는 기술과 실력을 갖추려는 노력이 필요합니다.

3. 영업사원에게 배트나는 자신감입니다. 실적 달성을 위해 A업체에만 매달리면 만족스러운 협상을 기대하기 힘듭니다. 영업대상을 발굴해 B 또는 C로 확대한다면 협상에 임하는 자세가 달라집니다. 배트나의 힘입니다.

EXERCISE

다음은 BATNA와 관련된 내용입니다. 빈칸에 들어갈 내용을 넣어 보세요.

> BATNA는 '협상 결렬을 대비한 최선의 대안'을 뜻하는 용어로, B_____ A_____ To
> N_____ A _____의 약자입니다.

> 협상에서 갑을관계를 결정하는
> 힘의 실체는 _____나 _____가 아니라
> _____입니다.

BATNA를 다양하게 확보하려면 어떻게 해야 할까요?

OTHER WAYS

배트나(BATNA) 용어 설명
1. BATNA는 '협상 결렬을 대비한 최선의 대안'을 뜻하는 용어로,
Best Alternative To Negotiated Agreement 의 약자입니다.
2. 협상에서 갑을관계를 결정하는 힘의 실체는 규모나 지위가 아니라
BATNA입니다.

다양한 BATNA 확보
남들이 탐내는 차별화된 기술과 실력을 갖추거나 혹은 그런 측면을 강조해야
합니다.
식당을 예로 들겠습니다. 아무리 홍보가 뛰어나고, 아무리 분위기가 좋아도
맛이 없으면 고객들이 찾지 않습니다. 하지만 음식 맛이 끝내주면 줄을 서서
라도 찾아갑니다. 스포츠 선수의 연봉협상도 마찬가지입니다. 실력이 있어
야 원하는 구단, 즉 BATNA가 많아집니다. 나를 찾는 대상이 많으려면, 즉
BATNA를 다양하게 확보하려면 그럴만한 이유를 만들거나 찾아야 합니다. 더
불어 그러한 노력이 협상력을 높이는 궁극적인 방법입니다.

제6강

협상의 기준점을 선점하라

먼저 제안할 것인가, 기다릴 것인가?
가격 제안의 기술
앵커링 효과(Anchoring Effect, 정박 효과)
에임 하이(Aim High, 닻 높게 올리기) 기법
여행지 선정 부부 대화
조파(ZOPA)의 이해와 활용

제6강
협상의 기준점을 선점하라

배트나를 다양하게 확보했다면 이제 그중 한 업체를 선정해 협상을 준비합니다. 정보조사, 목표설정, 어젠다Agenda 분석 등 해야 할 일이 많습니다. 하지만 우선 서로에게 가장 민감한 쟁점인 가격조건부터 살펴보겠습니다.

구매자가 원하는 조건은 시장가 대비 15% 할인이고, 공급자가 허용할 수 있는 조건은 10%라고 제안하는 협상을 가정해보겠습니다. 이는 중고차를 사건, 기업 대 기업의 B2B 구매 공급 계약이건, 상품이나 서비스 혹은 콘텐츠를 제공하는 전문가라면 모두에게 해당되는 문제입니다. 이 경우 각자는 어떻게 제안해야 자신이 원하는 할인율 혹은 더 나은 조건으로 합의할 수 있느냐가 협상의 첫 번째 과제가 될 것입니다.

먼저 제안할 것인가, 기다릴 것인가?

가격 협상에서 대단히 중요한 문제입니다. 시작이 반이라는 말이 있듯이 첫 단추를 잘 꿰라는 조언은 협상도 예외가 아닙니다. 원하는 조건에 합의하기 위해서 가격 제안은 먼저 하는 게 좋을까요? 아니면 상대방이 먼저 하도록 기다리거나 유도하는 게 좋을까요?

가격 제안의 기술

강의에서 질문을 드리면 대부분 후자를 선택합니다. 기다리는 게 유리하다고 생각하는 분들이 많습니다. 이유는 상대방의 패를 먼저 까 보겠다는 의도입니다. 내가 먼저 제안했다가 상대의 허용 범위 안에 너무 쉽게 들어가 버리면 낭패라고 생각하기 때문입니다. 과연 정답일까요? 상대의 제안을 먼저 받는 게 나에게 더 유리할까요?

이와 관련해서는 갑론을박甲論乙駁 이 많습니다. 이유는 조건에 따라 달라지기 때문입니다. 예컨대 시세 정보를 잘 알고 있다면 먼저 제안하고, 그렇지 않다면 기다리는 게 실수를 줄일 수 있습니다. 또 구매자라면 상대에게 먼저 제안하라고 요구할 수 있지만, 영업 입장이라면 현실적으로 어렵습니다. 먼저 제안할 수밖에 없는 경우도 있습니다.

그렇다면 협상의 고수들은 어떻게 할까요? 분석하면 그들은 자신이 원하는 값을 먼저 제안하는 것을 선호합니다. 여기서 중요한 점은 무조건 먼저 제안하지 않는다는 점입니다. 사전에 철저히 조사하고 준비해서 몇 가지 조건을 갖춘 후 자신이 원하는 값을 상대에게 제안합니다.

'갑론을박(甲論乙駁)' 갑(甲)이 주(論)하면 을(乙)이 논박(論駁)한다는 뜻으로, 서로 논란論難하고 반박反駁함을 이르는 말. (출처 : 두산백과)

첫째, 목표 값을 명확하게 정합니다. 정보조사를 통해 합리적인 목표를 수립해야 제안의 범위를 정할 수 있기 때문입니다. 사전 조사를 못했거나 목표를 정하지 않았다면 먼저 제안하는 게 불가능합니다. 또는 목표를 지나치게 높게 잡거나 너무 낮게 잡아도 원하는 결과를 얻기 어렵습니다. 상대와의 커뮤니케이션 문제가 아니라 목표를 잘못 설정했기 때문입니다. 제안의 기술에서 목표 수립이 무엇보다 중요한 이유입니다.

둘째, 제안 값의 근거가 객관적일수록 효과적입니다. 나의 제안이 단순히 자기주장이나 욕심으로 인식되어서는 곤란합니다. 상대가 받아들일 이유가 없기 때문입니다. 따라서 상대도 거부하기 힘든 객관적 사실이나 합리적 근거를 담을 수 있다면 첫 제안 값은 대단히 강력합니다. 둘이 공유하고 있는 정보나 선례, 배트나를 적절히 활용하는 기법이 좋은 예입니다.

셋째, 첫 제안은 목표보다 높게 합니다. 이는 일반적으로 널리 통용되는 기법입니다. 그러나 대부분의 경우 전략으로 활용하기보다 경험에 따라 무의식적으로 사용합니다. 하지만 유념해야 할 점이 있습니다. 성공적인 협상을 위해 반드시 기억해두어야 합니다. 이기는 게 목적이 아니라 양보의 여지를 남겨두기 위해서입니다.

앵커링 효과(Anchoring Effect, 정박 효과)

정리하면, 정보조사를 통해 명확한 목표를 설정하고, 제안 값의 논리와 근거를 수립하여, 목표보다 높게 먼저 제안하는 것이 해답입니다. 이른바 '협상의 기준점'을 선점하는 전략인데요. 이러한 협상이 효과를 발휘하는 근거는 바로 행동경제학에 있습니다. 우리에게 앵커링 효과 Anchoring Effect라는 게 작동하기 때문입니다.

여러분이 백화점에 냉장고를 사러 간다고 가정해보겠습니다. 브랜드, 성능, 가격 등 냉장고에 대한 정보를 사전에 조사하지 못했습니다.

직접 보고 마음에 드는 모델을 결정할 계획입니다. 배우자와 함께 가전 매장에 들어서는데, 여러분 앞에 두 개의 모델이 눈에 들어옵니다. 브랜드와 디자인은 두 모델 모두 마음에 듭니다. 가격도 같습니다. 그런데 가격 표시 방법이 아래와 같습니다. 여러분은 A모델과 B모델 중 어느 냉장고에 더 마음이 끌립니까?

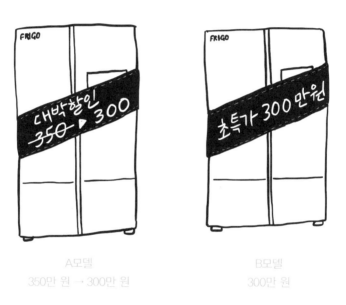

A모델
350만 원 → 300만 원

B모델
300만 원

A모델입니다. 거의 모든 사람이 B보다 A모델에 더 관심이 갑니다. 그렇다면 궁금증이 생깁니다. 도대체 왜 그럴까요? 그리고 이러한 현상을 이미 아는 판매자라면 같은 값의 냉장고를 A처럼 표시하는 게 잘 팔릴까요, B처럼 표시하는 게 더 잘 팔릴까요? 당연히 A처럼 표시하는 게 고객의 관심을 사는 데 더 유리할 것입니다.

앵커링 효과Anchoring Effect 때문입니다. 우리말로 '닻 내림 효과', '정박 효과'라고 부르기도 합니다. 배가 부둣가에 정박해 닻을 내리면 외부의 영향에도 닻 주변을 크게 벗어나지 못하듯이 사람도 어떤 의사결정을 내릴 때 닻의 역할을 하는 사전 정보에 대단히 많이 영향을 받는 심리를 말합니다.

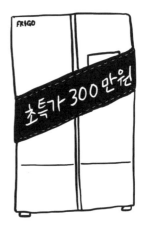

A모델
"원래는 350만 원 하는 모델인데,
프로모션으로 특별히 할인해서
300만 원에 파는구나."

B모델
"아무런 혜택이 없구나.
제값을 다 주고 사야 하니
상대적으로 손해구나."

*앵커링 효과(Anchoring Effect, 정박 효과)
심리학자이자 행동경제학의 창시자인 다니엘 카너먼(Daniel Kahneman)과 아모스 트버스키(Amos Tversky)에 의해 제시된 개념으로, 닻을 내린 배가 많이 움직이지 못하는 것처럼 최초에 제시된 숫자가 기준점 역할을 하여 합리적인 사고를 하지 못하고, 이후의 판단에 영향을 주는 현상을 일컫는다. (출처 : 두산백과)

A모델에 관심이 끌리는 이유는 '350'이라는 숫자가 닻 역할을 했기 때문입니다. 가격표를 보는 순간 '350'이라는 숫자가 협상의 기준점이 되어 상대적으로 '저렴한 모델'로 판단이 내려집니다. 게다가 B모델은 아무런 혜택이 없습니다. 제값을 다 주고 사야 하니 특별히 점 찍어둔 모델이 아니라면 굳이 사야 할 이유가 없습니다. 앵커링 효과와 대비 효과가 복합적으로 작용한 결과입니다.

에임 하이(Aim High, 닻 높게 올리기) 기법

문제는 이러한 판단에는 커다란 오류가 있다는 점입니다. A모델의 가격 표시 방법이 특별할인일 수도 있지만, 판매원의 전략일 수도 있습니다. 현재로선 알 수 없는 일입니다. 그럼에도 우리는 A모델을 선택하는 것이 잘한 판단이라고 생각하게 됩니다. 이왕이면 높은 할인율로 구매하는 것이 잘한 협상이라고 믿는 심리입니다.

이를 역으로 활용하는 협상기술을 에임 하이(Aim High) 기법이라고 합니다. 가격 제안 시 목표보다 높게 먼저 제시하는 협상법입니다. 하지만 단순히 높게 부르는 게 기술이 아닙니다. 정보조사를 통해 목표를 합리적으로 정하는 게 우선입니다.

주의할 점은 터무니없이 높게 제안하면 오히려 역효과가 생긴다는 점입니다. 합의하고자 하는 진정성과 신뢰가 무너지기 때문입니다. 따라서 제안값의 합리적 근거가 필요합니다. '정보 조사 - 목표 설정 - 제안값 설정 - 근거 마련' 순으로 먼저 제안할 때 그 값이 협상의 기준점으로 작용하여 유리한 협상을 이끌 수 있습니다.

Aim High 기법
정보 조사 → 목표 설정 → 제안값 설정 → 근거 마련

여행지 선정 부부 대화

이해를 돕기 위해 가벼운 사례를 하나 들어보겠습니다.

결혼기념일을 앞둔 여러분에게 아내가 유럽여행을 제안합니다. 동창모임을 나갔더니 유럽여행 안 가본 사람은 자기밖에 없다며 설득 아닌 설득을 합니다. 생각지도 못한 일입니다. 시간을 내기도 어렵거니와 한두 푼 하는 것도 아닌 유럽여행을 갑자기 꺼내니 부담스러운 게 사실입니다. 하지만 마냥 거절하기도 힘듭니다. 해외여행 한 번쯤은 가야 한다고는 생각합니다. 고민 끝에 유럽이 아닌 가까운 동남아 정도로 결정하고 아내에게 얘기합니다.

"여보, 갑자기 유럽여행이라니 너무 과한 거 아니오? 꼭 가고 싶다면 유럽은 지금부터 적금을 들어서 나중에 가기로 하고, 이번엔 가까운 동남아로 가는 게 어떻겠소?"

이 정도 얘기할 수 있으면 현명한 남편입니다. 아내라면 굳이 끝까지 유럽여행을 고집하지는 않을 것입니다. 하지만 생각해 보아야 할 점이 있습니다. 표면적으로는 남편이 아내를 설득한 것으로 보입니다. 하지만 아내가 협상가였다면 얘기는 달라집니다. 아내의 원래 목적지는 어디였을까요?

그렇습니다. 동남아입니다. 세부cebu나 발리bali를 목표로 정하고 유럽여행을 제안한 것입니다. 유럽을 협상의 기준점으로 삼고자 하는 전략입니다. 덕분에 아내는 원하는 목표를 달성했고, 남편은 자신의 뜻대로 아내를 설득하게 되었습니다.

양보하지 않는 협상은 없습니다. 에임 하이 기법은 양보의 여지를 미리 계획하는 기법이기도 합니다. 합리적으로 목표를 설정하고 양보의 범위를 계획하면 예측 가능한 협상을 이끌 수 있습니다. 무엇보다 상대에게 협상의 만족감을 선물할 수 있습니다.

양보를 계획하라.

조파(ZOPA)의 이해와 활용

협상 용어에 조파ZOPA라는 게 있습니다. 'Zone Of Possible Agreement'의 약자로, '협상가능영역'을 뜻합니다. 실무에서는 주로 가격 협상을 준비하는 도구로 활용됩니다. 협상 전에 양측의 목표값, 제안값, 한계값을 예상해봄으로써 주도적인 협상, 예측 가능한 협상을 이끌 수 있도록 도와줍니다. 활용방법은 다음과 같습니다.

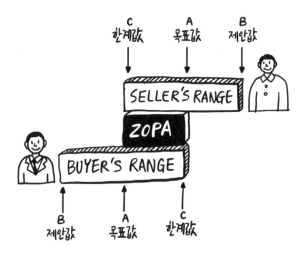

먼저, 목표값을 설정합니다. 정보 조사를 통해 이번 협상에서 달성하고자 하는 최종 목표값을 정합니다. 이때 다소 보수적으로 정하는 것도 문제가 되지 않습니다. 목표는 목표일 뿐 반드시 사수해야 하는 값은 아니기 때문입니다. 협상 과정에서 수정과 재검토를 거쳐야 합니다. 다만 사전에 목표를 정하지 않는 것은 문제가 됩니다. 목표가 있어야 전략을 세울 수 있기 때문입니다.

다음으로 제안값을 결정합니다. 공급자라면 목표보다 높게, 구매자라면 목표보다 낮게 정해야 합니다. 앵커링 이펙트Anchoring Effect를 활용해 협상의 기준점을 선점하려는 목적과 양보의 여지를 남겨두기 위한 전략입니다. 주의할 점은 목표값과의 차이Gap가 지나치게 벌어지면 오히려 역효과를 불러옵니다. 거래의 진정성과 우리가 보내는 메시지의 신뢰성을 해칩니다. 상대도 우리 못지않게 충분한 정보 조사를 거쳤다는 점을 간과해선 안 됩니다.

마지막으로 한계값입니다. 이는 실패하지 않는 협상을 위해 매우 중요한 항목입니다. 협상 결렬의 기준이 되기 때문입니다. 한계값을 통해 공급자는 손해보고 파는 실수를 예방할 수 있습니다. 이보다 더 내려가면 협상을 결렬시키는 게 낫다는 신호입니다. 구매자는 허용 가능한 가장 높은 금액을 지불하는 지점으로, 다른 조건의 차이가 없다면 배트나를 통해 한계값을 판단할 수 있습니다.

일잘러를 위한 협상의 기술 6

협상의 기준점을 선점하라

1. 제안에 앞서 목표값을 명확하게 설정해야 합니다. 첫 제안은 목표보다 높게 설정해 협상의 기준점을 선점하는 것이 유리합니다. 앵커링 효과(Anchoring Effect) 때문입니다. 제안값의 근거가 객관적일수록 효과적입니다.

2. 주의할 점은 터무니없이 높게 제안하면 역효과가 생긴다는 점입니다. 합의하고자 하는 진정성과 신뢰가 무너지기 때문입니다. 제안값의 합리적인 근거가 필요한 이유입니다. '정보 조사-목표 설정-제안값 설정-근거 마련' 순입니다.

3. 양보하지 않는 협상은 없습니다. Aim High 기법은 양보를 미리 계획하는 협상법입니다. 목표를 설정하고 양보의 범위를 계획하면 예측 가능한 협상을 이끌 수 있습니다. 상대에게 협상의 만족감을 선물할 수 있습니다.

EXERCISE

다음 시나리오를 읽고 질문에 답해보세요.

㈜한강택시는 금년 하반기에 보다 공격적인 경영을 펼치기로 결정했다. 실행방안으로 택시 200여 대를 추가 도입해 영업망 확충에 나서기로 했으며, 총예산은 60억 원이다. 2,500cc급 차량 200여 대를 계획하고 있으며, 예산 범위 내에서 수량을 최대한 많이 확보하는 것이 구매팀의 숙제다. 구매팀은 먼저 지난 10일 ㈜코리아자동차와 1차 협상을 가졌다. 코리아자동차의 택시 주력모델은 2,500cc 'T5'로, 차량 금액은 2,500만 원이다. 코리아 측은 이번 계약을 꼭 성사시키고 싶다며 10% 가격 할인을 제안해오는 등 강력한 의지를 보였다. 하지만 'T5'는 국내 택시의 5%에 그치며, 타 자동차 브랜드 대비 서비스센터 수가 적다는 단점이 있다. 따라서 구매팀은 가격 협상만 잘 된다면 ㈜최고자동차의 'C5' 모델을 염두에 두고 있다. 'C5' 택시의 영업점 판매가는 한 대당 2,700만 원이며, 오는 10일 (주)최고자동차 영업팀의 요청으로 1차 미팅이 계획되어 있다.

여러분은 ㈜한강택시의 구매팀장입니다. ㈜최고자동차와 협상을 준비하고 있습니다. ZOPA를 완성해 보세요.

A 목표값 _____

B 제안값 _____

C 한계값 _____

OTHER WAYS

A 목표값	B 제안값	C 한계값
2,400만 원 / 대	2,250만 원 / 대	2,500만 원 / 대

해답 근거
A. 목표값 : BATNA(T5)의 할인율 10%를 근거로 활용하여 C5의 일반판매가
기준 10% 할인된 금액 2,430만 원보다 소폭 낮은 값을 목표로 정함.
B. 제안값 : BATNA(T5) 가격 2,250만 원을 기준으로 첫 제안을 제시
C. 한계값 : 최대 허용 가능한 가격으로 BATNA와 여러 조건을 비교해 결정

쿨하게 양보하지 말고, 안타깝게 거절하라

호의가 계속되면 권리인 줄 안다
양보(Concession)의 기술
10% 양보를 계획하고 있다면
거절(Refusal)의 기술

제7강
쿨하게 양보하지 말고, 안타깝게 거절하라

에임 하이Aim High 기법은 양보를 전제로 합니다. 양보 없는 협상은 성립할 수 없기 때문입니다. 하지만 무턱대고 양보한다고 협상을 잘하는 건 아닙니다. 양보의 시기와 범위, 양보할 때 주의할 점 등을 이해하고 계획하는 것이 양보의 기술입니다.

양보의 기술을 말하기 전에 먼저 생각해 볼 점이 있습니다. 양보의 목적입니다. 협상에서 양보는 왜 필요할까요? 일반적으로 합의를 위해 양보가 불가피하다는 점은 동의합니다. 그럼에도 이익과 손해가 걸린 협상에서 사람들은 양보를 꺼립니다. 때문에 합의를 위해서 마지못해 양보하거나 가능하면 양보를 방어하려 합니다. 양보의 목적을 깊이 고민하지 못했기 때문입니다.

　양보의 목적은 합의 이전에 상대방의 만족감을 위해서입니다. 하나를 주고도 원만한 합의를 끌어내는 사람이 있는 반면, 열을 주고도 협상을 깨어버리는 사람이 있습니다. 차이는 양보의 기술에 있습니다. 양보의 기술은 가능한 한 양보를 덜해 주거나 양보를 방어하는 방법이 아닙니다. 오히려 반대입니다. 계획한 양보를 효과적으로 잘하는 방법입니다. 같은 양보를 하면서 상대방의 만족감을 극대화하기 위한 기술입니다.

양보의 목적 = 상대방의 만족감

호의가 계속되면 권리인 줄 안다

영화 속 대사입니다. 듣기 불편하지만 부정하긴 어렵습니다. 인간의 이기심을 적나라하게 표현한 문장이 아닐 수 없습니다. 협상에서 양보의 기술은 바로 이러한 심리에 기반을 두고 있습니다. 쿨하게 양보한다고 상대가 만족하는 게 아니라는 얘기입니다. 협상을 준비할 때 양보의 적절한 시기와 범위를 함께 고려해야 하는 이유입니다.

호의가 계속되면
그게 권리인줄 알아요.
- 영화 '부당거래' 중 -

〈출처 : 영화 부당거래 中〉

양보의 기술을 한마디로 표현하면 '어렵게 해야 한다'입니다. 양보하지 말라는 얘기가 아니라 어려운 양보가 상대의 만족감을 더욱 높인다는 뜻입니다. 그러나 우리는 어차피 해줄 양보라면 쩨쩨하게 굴지 말고 시원하게 내주고 싶은 심리가 있습니다. 양보의 기술을 잘 활용하지 못하는 이유입니다.

 쉬운 양보는 오히려 협상의 만족감을 떨어뜨립니다. 예컨대 10% 가격 인하를 요구했는데 상대가 선뜻 '네, 그렇게 하죠.'라고 말한다면 뭔가 모르게 찜찜합니다. 더 큰 양보를 얻어낼 수 있었는데 10% 밖에 못 받았다는 생각 때문입니다. 반대로, 시간을 들여 어렵게 10%를 인하했다면 협상의 만족감은 높아집니다. 같은 10%지만 협상 결과는 완전히 달라집니다.

쉬운 양보는 상대방의 만족감을
떨어뜨립니다.

양보(Concession)의 기술

양보의 목적과 심리를 바탕으로 성공적인 협상을 위한 양보의 기술을
세 가지로 정리하면 다음과 같습니다.

첫째, 양보할 때 작은 대가를 요구하는 것입니다. '내 양보는 어려운
것이니 당신도 작은 것 하나는 내 놓으시오.'라는 메시지입니다. '어려운
양보'라는 점을 자연스럽게 어필하는 효과가 있습니다. 더불어 상호성의
원칙에 하나씩 주고받는 게 공정하다는 인상을 주어 무언가를 얻어낼
수 있는 기회이기도 합니다.

둘째, 한꺼번에 양보하지 말고 쪼개서 양보하는 게 좋습니다. 입장을
바꿔 생각해 보면 이해가 쉽습니다. 10%의 양보를 한 번에 얻어내는 것

과 여러 번의 미팅에서 매번 조금씩 양보를 얻어내는 것은 협상의 만족감이 다릅니다. 결과는 같지만 협상 과정을 통해 스스로 느끼는 성취감은 후자가 더 높습니다. 따라서 몇 차례의 협상을 진행할 것인지, 매 협상에서 어느 정도 양보할 것인지를 사전에 계획하는 것이 중요합니다.

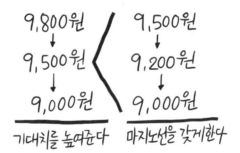

셋째, 양보의 폭Range도 염두에 두어야 합니다. 두세 차례의 양보

를 계획하면서 양보의 폭을 점점 늘린다면 상대방이 결정을 주저하

게 만드는 결과를 초래합니다. 계속 요구하면 더 양보해줄 것 같은 기대를 심어주기 때문입니다. 반대로 양보의 폭이 점점 줄어든다는 것은 상대가 느끼기에 더 이상 양보가 어렵다는 시그널입니다. 상대방 스스로 최종 합의 지점을 결정할 수 있게 유도하는 효과가 있습니다.

양보는 어렵게 해야...

10% 양보를 계획하고 있다면

B2B 협상을 예로 들어보겠습니다. 여러분은 거래처에 납품 계약을 준비하면서 개당 10,000원에 공급하는 협상 목표를 세웠습니다. 그리고 에임 하이 기법을 활용해 우선 11,000원에 가격 제안을 했습니다. 협상 과정에서 10% 정도는 양보할 계획을 세웠으며, 이번 협상은 세 차례의 미팅을 통해 계약을 체결할 예정입니다.

여기 세 가지 양보 방법이 있습니다. 여러분은 어떤 케이스가 가장 현명한 협상이라고 생각 하십니까?

양보 프로세스 예시

구분	1차 미팅	2차 미팅	3차 미팅
A	0%	0%	10%
B	2%	5%	10%
C	5%	8%	10%

정답은 C입니다. 다른 환경과 조건을 배제하고 효과적인 양보 방법을 찾는다면 C가 가장 잘한 협상입니다. 이유는 다음과 같습니다.

A는 셋 중 가장 어렵게 버티면서 양보한 것으로 해석됩니다. 그러나 성공적인 협상과는 거리가 멉니다. 이런 경우 상대는 속으로 '결국 해줄 거면서 왜 그렇게 버틴 거야?'라며 의문을 제기하게 됩니다. 해줄 거 다

해주고 좋은 얘기 못 듣는 케이스입니다. A의 더 큰 문제는 3차 미팅까지 이어지지 않을 가능성이 크다는 데 있습니다.

B와 C는 모두 한꺼번에 양보하지 않고 여러 번 쪼개서 양보한 케이스입니다. 차이는 양보의 폭입니다. B는 양보의 폭이 점점 늘어난 케이스이고, C는 양보의 폭을 점점 줄여나간 케이스입니다. B는 앞서 설명한 대로 상대에게 더 큰 양보를 기대하게 만듭니다. 반면 C는 2차 미팅이 끝나면 상대 스스로 목표를 10%로 설정하게 만드는 효과가 있습니다. 따라서 같은 10%의 양보를 하더라도 상대방의 만족감은 크게 달라집니다.

여유가 있더라도 한꺼번에 양보하지 말고, 여러 번 쪼개서 양보하며, 양보의 폭을 줄여나가는 것이 양보의 기술입니다. 이를 잘 활용한 C케이스가 가장 현명한 협상입니다.

여러 번 쪼개서 양보하고,
폭(Range)을 줄여나가라.

거절(Refusal)의 기술

상대의 요구가 허용치를 넘어서면 거절해야 합니다. 모든 걸 다 내어주는 협상은 합의하지 않는 것보다 못합니다. 불리한 선례를 남겨 다음 비즈니스까지 안 좋은 영향을 미치기 때문입니다. 하지만 공급 혹은 영업하는 처지라면 거절이 말처럼 쉽지 않습니다. 조건도 조건이지만 계약을 따내는 게 이번 협상의 첫 번째 목표이기 때문입니다. 협상에서 상대방의 과도한 요구에 현명하게 대처하는 거절의 기술에 대해 알아보겠습니다.

먼저 협상에서 거절의 목적은 결렬이 아니란 점을 기억해야 합니다. 따라서 무례한 말투나 태도를 취하는 건 어리석은 일입니다. 조건이 아니라 감정 다툼으로 협상이 망가지는 경우를 심심찮게 봅니다. 감정을 앞세우는 협상은 어떤 경우든 바람직하지 않습니다. 거절의 목적은 다름 아닌 상대방의 요구를 낮추는 데 있습니다. 게다가 관계에 금이 가지 않아야 합니다. 이 둘을 충족시키는 게 거절의 기술입니다. 핵심은 '내'가 거절하지 않는 것입니다.

자연스럽게 '권한'의 문제로 연결됩니다. 협상 당사자는 모든 조건을 결정할 수 있는 권한을 가져서는 안 됩니다. 실제 권한 유무와는 상관없습니다. 내가 거절해버리면 협상을 끝내자는 말로 전달되기 때문입니다. '나는 수용하고 싶은데, 결정 권한자가 아니어서 하려야 할 수 없다.'는 메시지로 거절해야 합니다. 나아가 거절에 그치지 않고 해결 방법을 제시하면 협상을 좀 더 원만하게 이어갈 수 있습니다.

'10%는 선례도 없고 제 권한 밖입니다만, 대신 결제를 좀 앞당겨주시면 7%까지는 최대한 설득해보겠습니다.'

협상 당사자는 어떤 경우든 상대와 등을 져서는 안 됩니다. 설령 이번 협상이 깨어지더라도 다음 협상을 기약하는 현명함이 필요합니다. 때문에 거절은 '내'가 아니라 결정 권한을 가진 다른 사람을 등장시켜야 합니다. 팀으로 협상을 준비할 때 결정 권한을 가진 자가 마지막에 나타나 협상을 마무리하는 기법을 쓰기도 합니다. 이를 협상에서는 '굿가이 배드가이 전술'이라고 부릅니다.

거절의 기술 = '내'가 거절하지 않는다.

일잘러를 위한 협상의 기술 7

쿨하게 양보하지 말고, 안타깝게 거절하라

1. 양보의 목적은 합의 이전에 상대방의 만족감을 위해서입니다. 하나를 주고도 원만한 합의를 끌어내는 사람이 있는가 하면, 열을 주고도 협상을 깨버리는 사람이 있습니다. 차이는 양보의 기술에 있습니다.

2. 쉬운 양보는 오히려 상대방의 만족감을 떨어뜨립니다. 어렵게 양보하는 방법은 첫째, 양보할 때 작은 대가를 요구해야 합니다. 둘째, 한꺼번에 양보하지 말고 쪼개서 양보하는 게 좋습니다. 셋째, 양보의 폭(Range)을 점점 줄여나가는 게 효과적입니다.

3. 거절의 목적은 상대방의 요구 수준을 낮추는 데 있습니다. 게다가 관계에 금이 가지 않아야 합니다. 이 둘을 충족시키는 게 거절의 기술입니다. 핵심은 '내'가 거절하는 게 아니라 결정 권한을 가진 다른 사람을 등장시켜야 합니다.

다음 시나리오를 읽고 질문에 답해보세요.

㈜최고자동차 영업팀은 이번에 국내 택시업계 2위인 ㈜한강택시에서 사세확장을 위해 다량의(200~300대 추정) 택시 구매를 추진 중이라는 정보를 입수했다. 사안을 임원 회의에 산정한 결과 이번 계약에 회사의 총력을 기울이자는 의견이 다수로 결정됐다. 영업팀은 ㈜한강택시 구매팀과 접촉해 오는 15일 1차 미팅을 갖기로 약속을 잡았다.

㈜최고자동차는 2,500cc 'C5'를 택시 주력 차종으로 생산하고 있다. 심플한 디자인과 검증된 성능으로 중장년층에게 인기 있는 모델이며, 2020년 현재 국내 택시의 약 35%를 차지하고 있다. 최고자동차는 국내 자동차 AS 부문 3년 연속 1위를 달성하고 있다. 최고자동차의 평균 영업이익률은 약 15%이며, 'C5모델'에 소요되는 모든 인적 물적 비용을 감안한 원가율은 70%이다. 최고자동차 택시 'C5' 모델의 영업점 판매가는 한 대당 2천7백만 원이다. 100대 이상 대규모 계약에 대한 영업팀의 가격 재량은 회사의 영업이익률을 고려해 최대 15%이다. 2년 전 500대 계약에서 할인율을 20%까지 적용한 선례가 있다.

여러분은 ㈜최고자동차의 영업팀장입니다. 이번 계약은 총 세 차례의 협상을 진행한 후 결정됩니다. 각 회차별 제안 가격과 양보의 전략을 계획해보세요.

	제안 가격	제안 근거
1차 협상		
2차 협상		
3차 협상		

OTHER WAYS

	제안 가격	제안 근거
1차 협상	2,600만 원	일반 판매가 2,700만 원에서 5% 할인된 금액 (2,565만 원)을 염두에 두고 제시
2차 협상	2,500만 원	일반 판매가 2,700만 원에서 8% 할인된 금액 (2,484만 원)을 염두에 두고 제시
3차 협상	2,450만 원	이번 협상의 목표가인 10% 할인된 금액 (2,430만 원)을 예상하고 제시

제8강

무엇을 줄 것인지
고민하라

어젠다(Agenda) 활용법
무엇을 내어줄 것인가

제8강
무엇을 줄 것인지 고민하라

사과를 사러 시장에 갔습니다. 탐스러운 사과가 10개 만 원입니다. 만약 여러분이 천 원을 깎아 10개 9천 원에 사고 싶다면 어떻게 협상하면 좋을까요?

먼저, 깎아주지 않으면 사지 않겠다고 말하거나 사과에 흠을 잡는 방법은 통하지 않습니다. 전자는 협상이 아니라 협박에 가깝고, 후자는 '그런 물건을 왜 사려고 해?'라는 반발을 일으킵니다. 협상 이전에 감정을 건드리는 말들이기 때문입니다. 이런 경우 이익이 있더라도 협상을 깨어버리는 게 사람의 심리입니다.

간단한 질문이지만 쉽지 않은 문제입니다. 가격을 깎으면 고객은 이익이지만 판매자는 그만큼 손해를 보기 때문입니다. 다른 사정을 배제

하면 거절하는 게 당연하고, 10개 9천 원에 사고자 하는 목표는 달성하기 힘듭니다. 이유는 제로섬 게임Zero Sum Game으로 접근했기 때문입니다. 제로섬 게임이란, 경제학 용어로 한쪽이 이익을 보면 다른 쪽이 그만큼 손해를 보게 되는 상황을 말합니다. 여기서는 협상이 힘듭니다.

협상은 합의입니다. 합의가 되려면 한쪽이 손해 보는 상황이 되어서는 안 됩니다. 한쪽이 이기고 다른 쪽이 지는 승패 대결로는 합의할 수 없기 때문입니다. 따라서 이를 해결하기 위해서는 제로섬 게임을 논제로섬 게임Non Zero Sum Game으로 바꾸어야 합니다. 대표적인 협상 기술인 어젠다Agenda*를 활용하는 방법입니다.

---

*어젠다(Agenda) : 모여서 서로 의논하거나 연구할 사항이나 주제 〈출처 : 두산백과〉

어젠다(Agenda) 활용법

협상은 어젠다Agenda가 둘 이상이어야 가능합니다. 서로가 하나씩 나누어 가져야 합의를 이룰 수 있기 때문입니다. 사과 10개를 9천 원에 사는게 힘든 이유는 어젠다가 '가격' 하나였기 때문입니다. 그러나 어젠다를 추가하면 얘기는 달라집니다. '20개 살 테니 1만 8천 원에 주세요.'라고 제안하면 협상이 가능해집니다. '수량'이라는 어젠다를 추가함으로써 제로섬 게임을 논제로섬 게임으로 바꾸었기 때문입니다.

수량 접근

여기서 끝이 아닙니다. 원한다면 더 깎을 수 있는 방법도 생각해 볼 수 있습니다. '현금으로 결제할 테니 1만 7천 원 해주세요.' '결제 방법'이라는 어젠다를 하나 더 추가했습니다. 상대의 수락 여부를 떠나 협상이 가능해집니다. '가격'을 할인받기 위해 '수량'과 '결제 방법'을 양보한 셈입니다. 이처럼 하나의 어젠다에서 벗어나 협상 어젠다를 다양하게 만드는 방법이 윈윈을 이끄는 대표적 기술입니다.

결제 방법 접근

이를 비즈니스 협상에 적용해 보겠습니다. 합의가 안 되는 대부분의 협상은 '단가'라는 하나의 어젠다만 다투며 협상합니다. 이 경우 대부분 협상이 깨어지거나 갑을 논리에 따라 울며 겨자 먹기로 약자가 승복하는 결말로 이어집니다. 제로섬 게임이기 때문입니다.

그러나 성공적인 협상은 어젠다가 다양합니다. 단가와 수량 그리고 추가 계약까지 함께 제안하며 협상합니다. 계약 기간, 계약금, 결제 방법 등 다양한 어젠다를 펼쳐 놓고 서로의 요구 조건을 조율하며 협상합니다. 승패 대결이 아니라 양측이 원하는 것을 서로 교환하는 방식이 성공적인 협상입니다. 가장 어리석은 협상가는 '테이블 위에 돈만 놓고 떠나는 사람'이라고 말하는 이유입니다.

어젠다(Agenda)를 더하라.

무엇을 내어줄 것인가

'협상은 기브 앤 테이크Give and Take다.'라는 말이 있습니다. 당연한 얘기이고 정확히 맞는 말입니다. 비즈니스뿐 아니라 모든 관계가 그렇습니다. 주기만 하거나 받기만 하는 관계는 성립할 수 없습니다. 그러나 이를 잘 적용하지 못하는 이유는 '기브Give'보다 '테이크Take'에 집중하기 때문입니다.

성공적인 협상을 위한 해답도 여기에 있습니다. 어젠다를 다양하게 만들어냈다면 다음은 무엇을 얻어낼까보다 무엇을 내어줄 것인가를 고민하는 것이 중요합니다. 그리고 덜 중요한 것을 양보하고, 더 중요한 것을 얻어내는 게 현명한 협상의 기술입니다.

제품 구매공급계약에서 가격 할인을 얻어내려면 수량을 양보할 여유분을 갖고 협상을 시작하는 게 좋습니다. 공급자는 가격도 가격이지만 결제 방법이 매우 중요하므로 양보할 카드를 미리 준비하는 게 중요합니다. 같은 맥락에서 계약금, 계약 기간, 배송비, A/S 등등 무엇을 내어줄 것인지 미리 계획해야 성공적인 협상을 이끌어낼 수 있습니다.

노사 협상에서 사측이 임금 인상폭을 줄이면서 합의를 이끌어내기 위해서는 얻을 것만 생각하지 말고 내어줄 것을 먼저 고민해야 합니다. 예컨대 정년연장이나 휴가비, 체력단련비 등 임금과 별개로 노측의 이익을 반영할 수 있는 어젠다를 협상 카드로 활용해야 합니다.

프랜차이즈 슈퍼바이저Franchise Supervisor가 가맹점주에게 신제품 취급을 권유해야 한다면 타당한 근거나 자료를 준비하는 것은 기본입니다. 더불어 얻을 것만 생각하지 말고, 허용 가능한 인력지원, 홍보 지원, 무료 쿠폰 지원 등 상대가 좋아할 어젠다를 개발하여 협상 과정에서 적절히 제시하면 서로가 만족스런 합의를 이끌어낼 수 있습니다.

덜 중요한 것을 내어주고,
더 중요한 것을 얻어내라.

일잘러를 위한 협상의 기술 8

무엇을 줄 것인지 고민하라

1. 합의가 안 되는 협상은 '단가'라는 하나의 어젠다(Agenda)만 다투며 협상합니다. 이 경우 협상이 깨어지거나 갑을 논리에 따라 울며 겨자 먹기로 약자가 승복하는 결말로 끝납니다. 제로섬게임(Zero Sum Game)이기 때문입니다.

2. 성공적인 협상은 어젠다가 둘 이상이어야 가능합니다. 주기만 하거나 받기만 하는 협상은 성립할 수 없기 때문입니다. 하나의 어젠다에서 벗어나 협상 어젠다를 다양하게 만드는 노력이 필요합니다.

3. 어젠다를 다양하게 만들었다면 그중에서 무엇을 얻어낼까보다 무엇을 내어줄 것인가를 고민하는 것이 효과적입니다. 그리고 덜 중요한 것을 양보하고, 더 중요한 것을 얻어내는 게 현명한 협상의 기술입니다.

EXERCISE

다음은 물품공급 구매계약서의 일부분입니다. 이와 같은 계약 협상에서 다루어야할 어젠다(Agenda)를 생각나는 대로 나열해보세요.

물품공급 구매계약서

주식회사 "갑" 과 주식회사 "을"은 "갑"과 "을"간의 물품 구매 거래에 대하여 다음과 같이 기본계약을 체결한다.

제 1 조【계약의 목적】

이 물품구매계약(이하 "본 계약"이라 한다)은 "갑"과 "을"간의 _____(이하 "본 제품"이라 한다) 구매거래에 관한 기본 사항에 관한 것으로, 별도의 약정이 없는 한 개개의 발주서 및 "갑"과 "을" 간의 물품구매거래 전반에 대하여 적용한다.

제 2 조【계약기간 및 단가】

물품공급 구매계약 시 준비할 어젠다(Agenda)

1. _____

2. _____

3. _____

4. _____

5. _____

6. _____

OTHER WAYS

1. 단가
2. 수량
3. 납기
4. 계약금
5. 계약 기간
6. 결제 조건
7. 배송비 및 조건
8. A/S 조건 및 기간
9. 서비스 품목
10. 재구매 조건
11. 추가 계약

요구가 아니라
진짜 이유를 찾아내라

선생님 vs 학부모 갈등상황
요구와 욕구(Position vs Interest)
갈등 해결 프로세스
지자체 vs 환경단체 갈등

제9강

요구가 아니라 진짜 이유를 찾아내라

　협상의 기술은 거래의 기술인 동시에 갈등 해결의 기술입니다. 개인 간 갈등부터 조직 내 갈등 그리고 고객과의 협상이 난항에 빠졌을 때, 이를 슬기롭게 해결하는 실질적 방법을 제시합니다. 협상에도 원리가 있기 때문입니다. 따라서 갈등의 원인을 분석하고 협상의 원리를 이해하면 성공적인 협상을 이끌 수 있습니다.

　갈등의 원인을 한마디로 표현하면 '다르기 때문'입니다. 같은 문제라도 원인을 다르게 분석하고, 해결 방법을 다르게 제시하며, 문제 해결 이후의 지향점이 다르다는 데 있습니다. 그래서 갈등이 생깁니다. 지극히 당연한 현상입니다. 서로의 처한 위치가 다르고 관점이 다르기 때문입니다.

사장과 직원의 관점이 다르고, 재무팀과 마케팅팀의 관점이 다르며, 관리자와 현장직원, 영업사원과 구매사원, 판매원과 고객의 관점이 다르기 마련입니다. 갈등 해결을 위한 협상은 상대 관점을 이해하고 인정하는 데 해법이 있습니다. 그런데 우리는 자기중심적으로 판단하고 행동합니다. 이것 역시 자연스러운 현상입니다. 대화를 지속할수록 갈등이 해결되기는커녕 오히려 더 커지는 이유입니다.

어떤 그림일까? 보는 관점에 따라 다르다.
Duck or Rabbit? 〈출처 : Wikipedia〉

선생님 vs 학부모 갈등상황

여기 학부모들과 갈등에 처한 초등학교 선생님이 있습니다. 아이들이 제 엄마에게 선생님에 대한 불만을 토로한 모양입니다. 차별대우도 하고 먹기 싫은 급식 메뉴를 먹도록 강요했다고 일렀습니다. 얘기를 들은 부모라면 누구나 걱정이 됩니다. 하지만 혼자 선생님을 찾아가 따지기는 부담스럽습니다. 같은 반 부모들 사이에 이런 공감대가 형성되자 급기야 단체로 선생님에게 항의하러 찾아갑니다. 선생님과 학부모 10여 명 간의 갈등상황.

만약 여러분이 선생님이라면 어떻게 대처하시겠습니까?

"우선 학부모들이 찾아온 이유를 직접 들어보겠습니다. 만약 아이들 말만 듣고 온 거라면 오해라고 말씀드려야지요. 한쪽 말만 들으면 사실이 왜곡될 수 있습니다. 그리고 차별대우하거나 급식 메뉴를 강요한 적 없다고 자세히 설명 드리겠습니다."

대체로 이런 식의 답변이 나옵니다. 실제로도 흔히 대응하는 방법입니다. 굳이 분석하면 상대 이야기를 잘 듣고 오해를 바로잡아 나의 이야기를 충분히 전달하려는 의도입니다. 얼핏 들어선 별 문제가 없어 보입니다. 하지만 높은 점수를 드리긴 어렵습니다.

한번 생각해 보겠습니다. 현실에서 앞의 메시지로 이야기하면 갈등이 해결될까요? 사례에서 학부모들이 선생님의 말에 '아, 우리가 오해하고 있었구나.'라고 수긍하고 돌아가겠습니까? 모르긴 몰라도 긍정적인 반응을 기대하긴 힘들 것입니다. 메시지는 선생님이 학부모들을 설득하려는 의도가 담겨 있기 때문입니다. 학부모 입장에선 우리 자녀가 단지 불평을 늘어놓은 것이며, 그로 인해 자신이 오해한 것이 되어 버리기 때문입니다. 진실 여부를 떠나 감정적으로도 쉽게 받아들이기 힘든 이유입니다.

요구와 욕구(Position vs Interest)

갈등 해결을 위한 협상의 기술 중 가장 먼저 해야 할 일은 상대의 요구 Position과 욕구Interest를 구분하는 것입니다. 협상 용어로 포지션은 겉으로 드러내는 요구사항을 말합니다. 인터레스트는 속에 있는 진짜 이유로 이해하면 쉽습니다.

　같은 메시지를 전달하더라도 그 속에 포지션과 인터레스트가 모두 담겨 있는데, 다행히도 이 둘은 다릅니다. 갈등을 협상의 기술로 슬기

롭게 해결할 수 있는 이유가 바로 여기에 있습니다. 따라서 상대의 포
지션에 집착하지 말고 인터레스트를 발견하면 새로운 해결책을 마련할
수 있습니다.

예컨대 콜라를 찾는 손님의 인터레스트는 갈증해소 혹은 시원한 탄
산음료일 것입니다. 이를 발견한다면 콜라 재고가 없더라도 손님을 잡
을 수 있습니다. 공부를 더 하겠다며 사직서를 제출하는 팀원의 인터레
스트는 학업이 아니라 다른 데 있습니다. 급여에 불만이 있거나 잦은 야
근 혹은 직장 내 불화 때문일 것입니다. 퇴사하려는 진짜 이유 즉 인터레
스트를 발견하면 팀원의 마음을 돌릴 수 있습니다.

$$\text{Interest} = \frac{\text{Position}}{+} \text{Why?}$$

갈등 해결 프로세스

이를 사례에 적용해 보겠습니다. 학부모들의 포지션은 '항의'입니다. 차별대우에 대한 자초지종을 확인하고 따지러 온 것으로 보입니다. 그런데 항의가 학부모들이 찾아온 진짜 이유일까요? 자녀를 둔 부모라면 쉽게 답할 수 있습니다. 그렇지 않습니다. '혹시나 우리 아이가 차별대우받지 않을까'하는 걱정 때문입니다. 나아가 '선생님이 우리 아이를 좀 잘봐 줬으면 좋겠어'라는 기대도 있을 것입니다. 이게 바로 '인터레스트'입니다. 선생님을 찾아온 진짜 이유 말입니다.

이처럼 포지션이 아니라 인터레스트에 초점을 맞추면 갈등 구조가 달라집니다. 차별을 했니 안 했니 하는 진실 공방에서 벗어나 함께 문제를 풀어가야 할 파트너로 상대를 인식하게 됩니다. 고객센터에 컴플레인을 제기하거나 관공서에 민원을 제기하는 경우도 마찬가지입니다. 이들의 인터레스트는 컴플레인 그 자체가 아니라 문제해결입니다. 담당자에게 도움을 요청하려는데 잘 받아주지 않으니 표현이 과격해지는 것입니다. 포지션이 아니라 인터레스트에 초점을 맞추면 불필요한 갈등의 확산을 막을 수 있습니다.

그렇다면 선생님은 가장 먼저 개별 상담을 제안해야 합니다. 우리는 무리 속에 들어가면 자신의 인터레스트를 감추려는 경향이 있기 때문입니다. 팀원 3명을 같이 상담하는 것보다 한 명씩 개별 상담을 권유하는 것도 같은 이유입니다. 다수의 상대와 갈등이 생긴 경우 가능한 한 1:1로 문제를 풀어가는 게 좋습니다.

다음으로 학부모의 인터레스트를 해결하는 과정이 필요합니다. 고민을 직접 들어보고, 자신이 생각하는 자녀 개개인의 특성을 전달합니다. 이때 단점보다 장점을 부각하고 칭찬을 덧붙일수록 상대 마음을 얻는 데 효과적이라는 말은 굳이 하지 않아도 알 것입니다.

최종적으로 솔루션 제안입니다. 공부 방법 및 향후 진로에 대해 구체적으로 조언을 해준다면 학부모에게는 더할 나위 없이 좋은 선생님이 될 것입니다. 이는 학부모들의 인터레스트를 충족시켜주는 일인 동시에 선생님이 가장 잘할 수 있는 일이기도 합니다.

갈등 해결 프로세스

갈등 상황 발생	학부모들이 단체로 선생님에게 항의하러 찾아옴
Position과 Interest 구분	찾아온 이유는 항의가 아니라 자기 자녀에게 관심을 가져달라는 것임
1:1 면담	개인별 상담을 통해 속에 있는 이야기를 꺼낼 수 있는 상황을 세팅
경청과 공감	경청과 공감 그리고 칭찬을 통해 학부모들의 마음을 활짝 염
솔루션 제시	개인별 솔루션을 제시함으로써 특별 관심에 대한 욕구를 충족

1 대 1로 상대하라.

지자체 vs 환경단체 갈등

공원 조성을 위해 진입로 공사를 계획하고 있는 지자체가 있습니다. 지역 주민을 위한 여가시설 확충과 관광객 유치라는 목적으로 사업성 검토를 긍정적으로 마쳤습니다. 이를 위해선 오랜 기간 묶여있던 그린벨트를 해제해 진입로를 확보해야 합니다. 그런데 환경단체에서 이를 반대하고 나섰습니다. 도심의 무분별한 개발은 녹지공간의 훼손으로 지역 주민의 삶에 오히려 역효과를 일으킨다는 이유입니다.

가장 먼저 알아야 할 것은 '진입로 공사 반대 vs 진입로 공사 진행'의 대결 구도로 접근하면 해결책이 없다는 점입니다. 속에 있는 인터레스트를 들여다보아야 합의점을 찾을 수 있습니다. 예컨대 진입로를 아스팔트나 콘크리트 도로로 반드시 만들어야 하는 게 아니라면 다른 형태를 생각해 볼 수 있습니다. 혹은 그린벨트를 정비해서 이전보다 더욱 활성화된 녹지공간을 만드는 친환경 진입로를 조성할 수도 있습니다.

이처럼 모든 갈등은 한 가지 사안을 두고 양측의 견해가 상반되기 마련입니다. 게다가 각자는 모두 자신의 입장에서 옳은 주장입니다. 따라서 나의 주장이나 논리로 상대방을 설득하려는 시도는 어리석은 일입니다. 나는 옳고 상대는 그르다는 생각에서 벗어나야 합니다. 상대방을 인정하고 상대방의 포지션이 아니라 인터레스트를 들여다볼 때 실마리가 풀립니다. 더불어 상대의 인터레스트를 해결하고자 하는 의지가 서로에게 보인다면 갈등 해결은 훨씬 수월해질 것입니다.

갈등 해결은 옳고 그름을
따지는 일이 아닙니다.

일잘러를 위한 협상의 기술 9

요구가 아니라
진짜 이유를 찾아내라

1. 갈등의 원인을 한마디로 표현하면 '다르기' 때문입니다. 저마다 처한 위치가 다르고 관점이 다르기 때문입니다. 당연한 현상입니다. 따라서 갈등 해결을 위한 협상은 상대 관점을 이해하고 인정하는 데 해법이 있습니다.

2. 협상에도 원리가 있습니다. 가장 먼저 상대의 요구(Position)와 욕구(Interest)를 알아차리는 것입니다. 겉으로 드러나는 포지션에 집착하지 말고, 속에 있는 인터레스트를 발견하면 새로운 해결책을 마련할 수 있습니다.

3. 모든 갈등은 한 가지 사안을 두고 양측의 견해가 상반되기 마련입니다. 게다가 각자는 모두 자신의 입장에서 옳은 주장입니다. 따라서 나의 주장이나 논리로 상대방을 설득하려는 시도는 어리석은 일입니다.

EXERCISE

다음 사례를 읽고 은행원과 고객의 요구(Position)와 욕구(Interest)를 구분해보세요.

은행에 정기예금을 가입하러 갔다. 조금씩 모아둔 돈을 제대로 불려 보고 싶었다. 특별한 재테크 방법이 없고, 또 원금이 보장되는 상품 중엔 그나마 정기예금 이율이 일반적으로 가장 높다. 하지만 막상 상담을 받아보니 금리가 너무 낮았다. 은행별로 차이도 없었다. 실망한 표정으로 어떻게 할까 망설이는데, 은행 직원이 내게 질문을 하나 던졌다.

"혹시 청약통장 가입한 거 있으세요?"

'느닷없이 웬 청약통장?' 질문하는 이유는 알 수 없었지만 오래전에 가입해 둔 게 하나 있긴 했다. 마침 그 은행 것이었는데, 크게 쓸모를 못 느껴 납부는 중단한 상태였다.

"몇 년 전 가입한 게 있어요. 조회해보면 나올 겁니다. 근데 그건 왜 물으시는지..."

당시 유지 기간이 2년 넘은 청약통장은 금리가 정기예금보다 높은 특징이 있었다. 원금 보장과 예금자보호법 등 안전성 측면도 정기예금과 같은 조건이었다. 게다가 기간 내 해약하면 이자 손해가 발생하는 정기예금과 달리 아파트 청약 목적만 없다면 언제든 해약해도 약정된 이자를 다 받을 수 있다는 추가 이점도 있었다. 더할 나위 없이 좋은 대안이었다. 자칫 놓칠 뻔한 고객을 붙잡은 은행 직원의 협상이 돋보였다.

구분	고객	은행원
요구(Position)		
욕구(Interest)		

OTHER WAYS

구분	고객	은행원
요구(Position)	금리가 높은 정기예금	정기예금은 금리가 낮아요.
욕구(Interest)	원금 보장 + 높은 금리	고객 만족 + 충성고객 확보

제10강

둘 다 만족하는
제3의 대안을 마련하라

창의적 대안(Creative Option)
라이센스 로열티(License Royalty) 협상
공공갈등과 협상

제10강

둘 다 만족하는
제3의 대안을 마련하라

요구Position와 욕구Interest 개념은 비즈니스 거래에도 똑같이 적용됩니다. 단가 인상을 요구하는 공급자 측의 인터레스트는 매출향상 혹은 영업이익 증대일 것입니다. 구매자 측이 여기에 초점을 맞춰 수량이나 결제 방법 혹은 다른 조건을 변경해 제안한다면 단가를 인상하지 않고도 양측의 합의를 이끌어낼 수 있습니다.

신흥개발국과 글로벌 기업 간 협상에서 현지 생산 문제로 교착상태에 빠졌다면 양측의 인터레스트를 꺼내 보면 실마리가 풀립니다. 현지 생산을 원하는 측은 자국의 기업 유치, 고용 창출 등이 인터레스트일 것이고, 반대 측은 관세, 인건비 등의 원가절감, 기술유출 우려 등이 인터레스트일 것입니다. 현지 생산이라는 포지션에 머물지 말고 서로 다른 인터레스트를 어떻게 조율할 것인가로 협상의 프레임을 바꾸면 합의점을 찾을 수 있습니다.

이처럼 교착상태에서도 상대의 인터레스트를 찾아내면 새로운 대안을 제시할 수 있습니다. 이를 협상 용어로 '창의적 대안Creative Option'이라고 부릅니다.

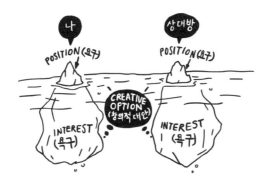

창의적 대안(Creative Option)

창의적 대안을 모색하는 방법의 하나는 조건을 활용하는 기법입니다. 이른바 조건부 협상입니다. 예를 들어보겠습니다.

단가 인하를 요구하는 구매자와 이를 방어하려는 공급자의 협상을 가정해보겠습니다. 구매자는 '향후 구매 수량을 계속해서 늘릴 계획'이라는 당근을 제시하며 공급자를 회유합니다. 이런 경우 공급자는 무작정 거절하기 힘듭니다. 계약을 성사시켜야 하는 근원적 목표가 있기 때문입니다. 그렇다고 앞으로의 구매 수량까지 확정해달라고 요구할 수도 없는 입장입니다. 이럴 때 다음과 같이 수량 대비 단가로 조건을 거는 제안이 창의적 대안이 될 수 있습니다.

수량 대비 단가

구분	1~300개	301~600개	601~1000개
단가	10,000원	9,500원	9,000원

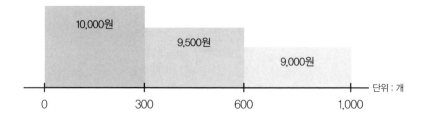

합의가 어려웠던 이유는 불확실한 미래 때문입니다. 확정되지 않은 상대의 제안을 현재 시점에서 그대로 받아들여서는 안 됩니다. 분쟁의 소지가 많습니다. 해답은 단가를 정하는 방식에 있습니다. 단가라는 단일 조건을 '수량 대비 단가'라는 복수 조건으로 바꾸면 양측 모두 수용할 수 있는 합의점을 도출할 수 있습니다. 구매공급계약에서 단가는 하나의 가격이어야 한다는 고정관념에서 벗어나면 창의적 대안이 보입니다.

협상의 완성은
창의적 대안(Creative Option)

라이센스 로열티(License Royalty) 협상

한 걸음 더 들어가 보겠습니다. 기술기업과 제조기업의 특허 라이센스 협상 사례입니다. 로열티는 일반적으로 개발비 명목의 일시금과 매출액의 일정 비율을 지급하는 러닝 로열티Running Royalty로 나누어집니다. 양측의 인터레스트가 안정성이냐 성장성이냐에 따라 초기 일시금과 러닝 로열티 비율을 조정해 합의할 수 있습니다. 이 과정에서 로열티 정하는 방식을 정률로만 한정 짓지 말고, 정액 혹은 정액+정률 등 다양한 조건을 혼합하면 양측의 인터레스트를 충족하는 합의안을 도출할 수 있습니다.

문제는 시장 전망에 대한 견해 차이에서 생깁니다. 시장 전망을 낙관적으로 보는 제조기업 측은 로열티 비율을 점점 낮추자고 요구합니다. 실제 지급하는 사용료는 더 많다는 논리입니다. 반면 이를 확신할 수 없는 기술기업 측은 로열티 비율을 점점 높여 받아야 리스크 헤징Risk Hedging이 가능합니다. 양측은 모두 자신의 입장에서 옳은 주장입니다. 둘의 합의점을 찾는 창의적 대안은 조건에 기간을 추가하는 것입니다. 로열티 조건을 다음과 같이 정합니다.

매출액 \ 기간	2년	3년	4년	5년
1301억 ~	7%	6%	5%	4%
1001 ~ 1300억	6%	5%	4%	3%
701억 ~ 1000억	5%	4%	3%	3%
~ 700억	4%	3%	3%	3%

기본 로열티는 4%입니다. 제조기업의 주장대로 매출액이 같다면 시간의 흐름에 따라 로열티는 점점 낮아집니다. 하지만 제조기업의 예상과 달리 3년 차 매출액이 1000억 원을 넘는다면 라이센스의 기여도를 반영해 5%로 올려주는 조건입니다. 반대의 경우도 마찬가지입니다. 3년 차 매출액이 1000억 원을 밑돈다면 로열티를 줄여야 합니다. 그래야 양측이 공정한 조건입니다. 그리고 기술기업 측의 리스크를 최소화하기 위해 최소 로열티Minimum Royalty 개념을 반영합니다.

협상은 옳고 그름을 따지는 일이 아닙니다. 양측의 주장이 팽팽히 맞설 때 누구 말이 더 맞는지 논하는 것은 어리석은 일입니다. 각자는 자신의 입장에서 옳은 주장이기 때문입니다. 궁극적으로 협상은 양측이 모두 만족하는 창의적 대안을 구하는 일입니다.

조건을 활용하라.

공공갈등과 협상

공공갈등은 비즈니스와는 좀 다릅니다. 이익과 손해를 둘러싸고 벌어지는 비즈니스 협상과는 달리 공공갈등은 구성원들의 불평과 불만을 해결하는 협상입니다. 갈등을 유발하는 원인은 저마다 다르겠지만 그 본질은 하나로 수렴됩니다. 바로 각자의 입장에서 공정하지 못하다고 여기는 데 있습니다.

그런데, 공정성을 이해하기 위해서는 공평公平과 형평衡平의 개념 차이를 구분하는 것이 필요합니다.

사전적 정의로 공평公平은 어느 쪽으로도 치우치지 않고 고름을 의미하고, 형평衡平은 처한 상황을 반영하여 균형을 맞춤을 뜻합니다.

따라서 공공갈등은 각자가 처한 환경을 반영하여, '형평衡平'을 추구하는 방향으로 나아가야 합니다. 다음 이미지가 좋은 예입니다.

공평公平	형평衡平
어느 쪽으로도 치우치지 않고 고름	처한 상황을 반영하여 균형을 맞춤

공평 (公平)	형평 (衡平)	창의적 대안 (Creative Option)
모든 사람이 공평하게 똑같은 지원을 받고 있다. 하지만 일부는 게임을 즐기지 못한다.	각자 게임을 모두 즐길수 있도록 차별적인 지원을 받고 있다. 형평(衡平)에 맞게 대우받고 있다.	세사람 모두 어떤 지원도 없이 게임을 즐길수 있다. 불공평의 근본적인 원인이 제거되었기 때문이다.

모두가 경기를 관람할 권리가 있습니다. 그러나 관람석 앞에 안전을 확보하기 위해 펜스가 설치되어 있습니다. 공공갈등을 유발하는 장애물인 셈입니다. 이는 키가 작은 사람과 큰 사람의 불공평을 유발합니다. 따라서 키가 작은 사람은 자신의 권리를 요구하며 경기를 관람할 수 있도록 행정당국에 요청할 것입니다.

행정당국은 형평에 맞게 2번째 사진과 같이 의사결정을 내릴 수 있습니다. 그게 올바른 방법이고 키가 작은 사람이 원하는 해결책일 것입니다. 하지만 이는 현실적으로 또 다른 갈등을 야기합니다. 키가 큰 사람이 불만을 제기하게 됩니다.

어떤 이는 발판 2개를 지원하고 어떤 이는 지원하지 않는 게 공평하지 않기 때문입니다. 키 큰 사람의 주장도 일리가 있습니다. 따라서 많은 경우 첫 번째 사진, 즉 공평한 방법으로 의사결정을 내리게 됩니다. 결국 문제는 해결되지 않습니다.

해결책은 절차의 정당성과 효율성에 있습니다. 두 번째 사진과 같이 의사결정을 내리기 위해서는 선행 과제가 있습니다. 키 큰 사람에게 사전 양해를 구해야 하는 것입니다. 충분한 이해와 숙의熟議 과정이 그것입니다. 그렇지 않고 두 번째 사진과 같은 결정을 내리면 또 다른 갈등을 야기합니다. 같은 의사결정이라도 전혀 다른 결과가 도출됩니다. 절차의 정당성이 필요한 이유입니다.

나아가 그 과정에서 키 큰 사람을 위한 다른 형태의 지원을 고민해볼 수도 있습니다. 예컨대 음료 쿠폰 정도가 될 것입니다. 꼭 물질적인 것일 필요는 없습니다. 다만, 지나친 지원은 또 다른 불공평을 야기할 수 있습니다. 절차의 효율성이 필요한 이유입니다. 그렇다면 작은 사람은 작은 사람대로 정당한 권리를 찾고, 큰 사람은 큰 사람대로 불만이 줄어들 것입니다.

하지만 이것으로 갈등이 완전히 해결되었다고 볼 수는 없습니다. 언제든 갈등이 발생할 수 있는 요인이 남아 있기 때문입니다. 궁극적 해결은 3번 그림과 같이 펜스를 없애거나 다른 형태로 만드는 것입니다. 갈등을 일으키는 양측의 주장은 언제나 각자 일리가 있기 마련입니다. 옳고 그름의 문제로 접근하면 해결책을 찾기 어렵습니다. 갈등의 근본적 원인을 찾아 해결하려는 노력이 필요합니다. 창의성이 발현되는 순간입니다.

갈등의 근본 원인은
무엇입니까?

일잘러를 위한 협상의 기술 10

둘 다 만족하는
제3의 대안을 마련하라

1. 상대의 포지션과 인터레스트를 구분하면 교착상태(膠着狀態)를 극복하는 제3의 대안을 만들 수 있습니다. A안과 B안 사이에서 둘 모두를 충족하는 AB안을 이끌어내야 협상이 완성됩니다. '창의적 대안(Creative Option)'입니다.

2. 계약 협상에서 합의가 어려운 이유는 불확실한 미래 때문입니다. 이 경우 합의점을 찾는 창의적 대안은 조건을 추가하는 것입니다. '단가'라는 단일 조건을 '수량 대비 단가'라는 복수 조건으로 바꾸면 실마리가 풀립니다.

3. 공공갈등의 해결은 '형평(衡平)'을 추구하는 일입니다. 하지만 이는 또 다른 갈등을 야기합니다. 보완책은 절차의 정당성과 효율성입니다. 궁극적으로 갈등의 원인을 찾아 해결하는 '창의적 대안'을 마련해야 합니다.

EXERCISE

다음 사례를 읽고 양측의 갈등을 중재하는 창의적 대안(Creative Option)을 구해보세요.

평화롭던 시골마을에 싸움이 벌어졌다. 비포장도로의 통행권을 두고 벌어진 다툼이다. 하우스에 물을 대기 위해 고무호스를 길 위에 설치해 둔 A. 그런데 그 위로 B가 경운기를 타고 지나가는 바람에 호스가 찢어져버렸다. A가 B에게 변상을 요구하자 B도 큰소리로 맞서며 자신의 권리를 주장했다. 그도 그럴 것이 수확한 채소를 내다 팔러 시장으로 나가려면 호스 위로 지나가는 게 유일한 길이었다. 둘은 서로 네 탓 내 탓을 하며 멱살을 잡았다. 어떻게 하면 이 둘의 갈등을 원만하게 해결할 수 있을까?

-영화 〈선생 김봉두〉 中

구분	A	B
요구(Position)		
욕구(Interest)		

▼

창의적 대안 (Creative Option)	

OTHER WAYS

구분	A	B
요구(Position)	이 길로 지나가지 마!	이 길로 지나가야 해!
욕구(Interest)	하우스에 물 대기	시장에 채소 팔러 나가기

▼

창의적 대안 (Creative Option)	삽으로 땅을 파서 호스를 땅 속에 묻어 설치한다.

에필로그

협상의 고수가 되고 싶은 당신에게

고백하건대 책으로는 한계가 있습니다. 협상은 단순한 지식의 차원이 아니기 때문입니다. 인간의 심리를 이해하고, 협상의 원리를 깨달으며, 현장에서 몸으로 부대껴야만 내 것이 되는 '체득'의 영역입니다. 협상 교육이 심리학, 협상학 등 탄탄한 이론적 기반과 실전을 방불케 하는 실습 과정이 반드시 필요한 이유입니다.

좀 더 구체적으로 협상력을 높이려면 다음 과정을 거쳐야 합니다.

첫째, 협상 마인드를 갖추어야 합니다. 협상에 대한 잘못된 통념을 바로잡고, 협상의 정의와 목적 그리고 성공적인 협상의 요건 등 핵심 개념에 대해 명확히 이해해야 합니다. 심리학도 빼놓을 수 없습니다. 협상과 관련된 인간의 특성과 의사결정 과정에서 생기는 다양한 편향(偏向)에 대해서도 공부해야 합니다. 기본기를 다지는 과정이라 할 수 있습니다. 지반이 튼튼하지 않은 집은 작은 비바람에도 무너지기 마련입니다.

둘째, 협상의 원리와 기술입니다. 흔히 '협상에 정답은 없다'라고 말합니다. 그렇습니다. 어떤 협상이든 딱 떨어지는 정답은 없습니다. 하지만 원리는 있습니다. 그 원리들을 분석해 해결방법을 제시한 것이 협상의 기술입니다. 국내외 소개된 다양한 사례를 통해 학습할 수 있습니다. 나아가 협상 프로세스도 매우 중요한 카테고리입니다. 협상의 원리와 기술 그리고 프로세스를 잘 기획하면 주도적인 협상, 예측 가능한 협상을 이끌 수 있습니다.

셋째, 숙련(熟練) 과정이 필요합니다. 알다시피 아는 것과 행하는 것은 완전히 다른 영역입니다. 현장에서 적용할 수 있도록 반복과 응용학습이 필요한 이유입니다. 또한 협상은 경험의 산물입니다. 해보지 않으면 결코 잘할 수 없습니다. 여기서부터는 전문가의 도움이 필요합니다. 기업 워크숍에서 활용하는 시뮬레이션 실습이 좋은 예입니다. 실제 사례를 분석하고 재구성해 만든 시나리오를 통해 가상의 협상을 경험합니다. 실전 감각을 익힐 수 있습니다.

어느덧 두 번째 책입니다. 전작 『협상의 한 수』를 내고 5년이 흘렀습니다. 그동안 많은 기업을 다니면서 실무 현장의 어려움과 궁금증을 가까이서 들을 수 있었습니다. 이를 반영해 교육 콘텐츠를 개발하고 실습 프로그램을 기획하는 등 보다 실무 중심적인 협상교육을 위해 최선을 다했습니다. 덕분에 협상 연구가 나날이 깊어지는 기쁨을 누립니다.

그러나 강의를 책으로 엮는 건 또 다른 난관이었습니다. 애드앤미디어 엄혜경 대표님이 없었다면 이 책은 빛을 보지 못했을 것입니다. 작가의 숨은 의도까지 직접 듣겠노라며 8시간 교육을 꼬박 참석하며 메모하는 모습은 그야말로 감동이었습니다. 작가로서 이보다 큰 행운이 또 있을까 싶습니다. 이 책은 그런 콜라보의 결과물입니다. 부디 여러분의 협상력이 함 뼘 더 성장하시기를 바라며, 목표하시는 일과 삶을 힘차게 응원합니다.

당신의 협상에
힘을 더해 드립니다

성공적인 협상을 위한 솔루션을 제시해 드립니다.

우리가 마주하게 되는 다양한 협상의 순간들. 개인의 업무역량을 결정하는 연봉협상, 팀원과의 업무 분배, 회식의 메뉴 결정과 같은 기본적인 사회생활부터 거래처와의 계약, 지불 방법, 매입 조건 등을 결정하는 회사 업무의 대부분이 협상의 연속입니다. 이 책은 여러분이 시시각각 맞닥뜨리는 다양한 협상의 상황에서 현명하고 지혜롭게 헤쳐나갈 수 있는 솔루션을 제시합니다.

협상의 기본 마인드를 재정립 할 수 있습니다.

그러기 위해서는 맨 먼저, 우리가 생각하고 있는 협상의 고정 관념을 깨라고 말합니다. 협상은 내 의견을 따르게 하는 설득이 아니라, 서로의 합의점을 찾아가는 과정이기에 협상에 임하는 우리의 기본 마인드를 재정립하게 합니다.

협상을 통해 상생관계를 맺을 수 있도록 합니다.

또, 협상이 어느 한쪽만 유리하도록 전개하지 않습니다. 다양한 협상의 조건을 통해 나와 상대가 모두 이득이 되는 상황이 되도록 만들어 갑니다. 한 번으로 끝나는 협상이 아니라, 지속적인 상생 관계를 맺도록 하기 위함입니다.

협상이 어려운 것이 아니라는 것을 알게 해줍니다.

어렵게만 느껴졌던 협상의 정의를 우리 주변에서 쉽게 접할 수 있는 사례를 들어 누구라도 쉽게 이해할 수 있습니다. 더불어 책에 소개된 협상에 관한 10가지 방법을 스펀지에 물이 스며들 듯 쉽게 적용할 수 있을 것입니다.

유리한 협상 상황을 만들어 내도록 길잡이 역할을 해줍니다.

우리는 무엇을 주고, 무엇을 얻을 것인지 빠르게 결정해야 합니다. 이 책이 여러 독자들에게 그러한 협상의 순간에 상생의 협상안을 도출해 내고, 협상을 유리하게 이끌어가는 데 실질적인 길잡이 역할을 해 주기를 기대합니다.

협상 용어 정리

굿가이-배드가이 전술(Good guy - Bad guy)

팀을 이뤄 협상할 때 악한 역할과 선한 역할을 나눠 접근하는 방법이다. 이 전술이 통하는 이유는 '대조효과' 때문이다. 아주 못된 상대 옆에 자신의 말을 조금이라도 잘 들어주는 착한 사람이 있다면, 우리는 착한 사람의 제안을 아주 좋은 것으로 인식하게 된다.

권한위임 전술(Delegation)

자신은 최종 결정권자가 아니라고 말하는 협상법이다. 설령 최종 결정권을 가졌다 하더라도 상위 권위자를 끌어들임으로써 거절의 명분을 만들 수 있다. 상대방의 제안을 자연스럽게 거절할 수 있어 관계를 해치지 않으면서도 양보를 얻어낼 수 있다. 최종 결정 전에 시간을 벌 수 있는 효과도 있다.

나사 조이기 전술(Turning of the Screw)

압박 수위를 점차 높여가면서 협상안을 제시하는 방법이다. 상대방에게 시간이 지날수록 불리해지는 상황이 발생한다는 인식을 심어줌으로써 더 이상 시간 끌지 않고 두 손 들게 만드는 전술이다.

노벨상 게임 이론(Nobel Chicken Theory)

일명 '또라이' 전략이라 부른다. 상대방이 하는 행동보다 더한 행동을 결사적으로 하여 상대방의 협상 의지를 꺾는 것. 예를 들면 부인이 잔소리할 때 머리를 박는 비정상적인 행동을 통해 위기를 피해 가는 행위를 말한다.

눈에는 눈 이에는 이 전략(Tit for Tat, TFT)

처음에는 무조건 협조하며 관계를 시작한 다음, 상대방이 반응하는 행동에 따라 응수하는 전술. 이 전술은 서로에게 유익한 결과들을 촉진시킴으로써 승자가 되거나 적대자와 통합적인 합의를 창출해 낸다.

니블(Nibble)

추가 양보 받아내기 야금야금 전술. 양복을 사려는 흥정에서 대략적인 가격대가 나오면 고객이 점원에게 넥타이를 끼워달라고 요구하는 방법이다. 협상을 오래 끌어 잠정적인 합의안이 가까워진 시점에서 전체적인 협상 틀을 수용하면서도 이제까지 한 번도 논의한 적이 없는 약간의 추가적인 양보를 받아내는 전술을 말한다.

매몰 비용(Sunk Cost)

매몰 비용은 이미 매몰되어 버려서 다시 되돌릴 수 없는 비용, 즉 의사 결정을 하고 실행한 이후에 발생하는 비용 중 회수할 수 없는 비용을 말하며, 함몰 비용이라고도 한다. 미래에 비용이나 편익에 도움이 되지 못할 때 쓰인다. 일단 지출하고 나면 회수할 수 없는 기업의 광고비용이나 R&D 비용 등이 이에 속한다. 매몰 비용 효과란, 이미 투자한 시간과 비용을 계속 유지하려는 현상을 보이는 심리를 말한다.

배트나(Best Alternative To Negotiated Agreement)

협상 결렬 시 취할 수 있는 최선책. 협상학에서는 배트나가 좋을 경우 무조건 상대에게 알려야 하는데, 이때는 간접적으로 알려야 한다. 나의 배트나가 좋고 상대의 배트나가 좋지 않은 경우 협상을 최대한 지연시켜 불안감을 느낀 상대가 더 양보하도록 하고, 내 배트나가 상대의 것보다 나쁜 경우에는 협상을 빠르게 진행하는 것이 유리하다.

데드라인 전술(Deadline Tactics)

협상 시한을 정해두어 상대방에게 위기감을 느끼게 하고 마침내 상대를 압박해 답보나 결렬을 막는 전략. 결국 주어진 협상의 막바지 시간에 해결의 실마리가 잡힌다.

닻 높게 올리기(에임 하이, Aim High)

태양을 향해 쏜 화살이 나무를 향해 쏜 화살보다 높이 오른다는 말처럼 타결의 범위를 정하는 첫 제안이 협상에서 중요하다. 10에서 시작하는 것보다 100에서 시작하는 것이 더 좋은 결과를 얻는다. 높은 가격에서 시작하고 양보는 천천히 하라. 많은 연구결과에 따르면 첫 제안 가격을 높게 제안한 협상가가 낮게 제안한 협상가보다 더 좋은 결과를 얻는다.

레몬시장 이론(Market for Lemons)

구매자와 판매자 간 거래대상 제품에 대한 정보가 비대칭적으로 주어진 상황에서 거래가 이루어짐으로써 우량품은 자취를 감추고 불량품만 남아도는 시장을 말한다.

라포르(Rapport)

'마음이 통한다'는 뜻으로 신뢰와 친밀감으로 이루어진 인간관계를 의미하며, 협상에서 정서적 공감대 형성을 의미하는 말이다. 상담, 교육, 치료에서는 상호 협조가 중요한데, 라포르는 이를 충족시키는 동인이 된다. 라포르를 형성하기 위해서는 타인의 감정, 사고, 경험을 이해할 수 있는 공감대 형성을 위해 노력해야 한다.

로미오와 줄리엣 효과(Romeo & Julliet Effect)

금지가 욕구를 낳도록 하는 현상. 갖기 어려운 대상에 대해 강한 욕구를 느끼게 하고 그로 인해 비이성적인 유혹을 느끼는 효과를 말한다.

미끼 던지기 전술(Decoy Tactics)

협상 초반에 상대가 수용하기 어려운 안을 지속적으로 요구하다가 마지막에 양보하는 척하며 정 어렵다면 다른 것을 해달라고 요구하여 실제로 목표하는 바를 얻어내는 방법. 상대가 수용하기 어려운 과도한 것을 무리하게 요구하면 협상은 교착상태에 빠지게 되고, 그렇게 되면 하나씩 양보하면서 상대로 하여금 자연스럽게 목표하는 것을 수용하게 한다. 받아들일 수 있는 최저선(Bottom Line)을 의미한다.

블러핑(Bluffing)

여우는 상대가 두려워한다는 낌새를 금방 알아차릴 수 있다. 이때 두려워서 도망을 가거나 소리치거나 비명을 지르게 된다. 하지만 더 좋은 것은 두려움을 숨기고 공포탄을 쏘는 것이다. 하지만 공포탄 이후에는 실제로 보여주지 못하면 무기력해질 수 있음에 유의해야 한다. 따라서 잃을 게 없을 때 사용하는 것이 좋다.

사실에 입각한 협상(Fact-based Negotiation)

협상 대상의 상세정보를 미리 파악해 두고 이 정보를 이용하여 상대에게 안을 제시하는 것. 예를 들어 미리 다른 공급 업체들의 가격 상세정보를 모두 파악하여 두고 이를 이용하여 협상 테이블에서 상대의 가격을 협상한다.

선제공격과 카운터 펀치(Preemptive Strike & Counter Punch)

내가 원하는 조건을 미리 제시해서 협상을 주도적으로 이끌어 나가 원하지 않는 결과를 사전에 막아내는 전술. 많은 정보를 가진 상황에서 상대의 제안을 기다리다가 막판에 뒤집어 버리는 전술을 말한다.

살라미 전술(Salami Tactics)

살라미(Salami)는 고기를 얇게 썰어 만든 이탈리아 훈제 소시지인데, 다시 말해서 한 번 만에 양보해도 될 것을 둘로 나누어 두 번씩이나 양보해 준 것처럼 느끼게 하여 상대방의 미안함과 만족도를 높여주는 전술이다.

삼차원 협상(Three-Dimensional Negotiation)

주어진 틀이나 협상 테두리 안에서 인간관계를 중심으로 주고받는 협상 게임의 룰과 각도에서 벗어나 새로운 가치창출, 제3자의 등장, 테이블 밖으로 무대 이동 등 이슈, 파트너, 다차원의 협상 수단 등을 입체적으로 동원하고 구사하는 협상을 '3-D협상'(Three-Dimensional Negotiation)이라고 한다.

승자의 저주(Winner's Curse)

먼저 제안해야 주도권을 잡을 수 있다는 생각만 가지고 첫 제안을 하여 이기고도 찝찝한 상황을 맞는 경우를 승자의 저주라고 한다.

양의 탈을 쓴 이리 전술(Belly-Up)

순진하게 상황을 잘 이해하지 못하는 척하면서 상대방이 동정심을 일으킬 때 하소연을 통하여 자신의 의도하는 바를 관철하는 것. 예컨대 타국의 특사로 가서 궁지에 몰린 국회의원이 가엾은 표정을 지으면서 "제가 본국으로 돌아가 동료들에게 어떻게 답변하면 좋을지 조언을 좀 해주시겠습니까?"라고 하여 해결책을 받아내는 전술을 말한다.

엔피티(Negotiation Preparation Table : NPT)

자료수집(이슈, 욕구, 이해관계)에서부터 계획실행(가능한 BATNA) 등 협상에 필요한 준비 목록을 말한다.

우월 전략(Dominant Strategy)

상대방이 어떤 전략을 선택하든지 자기에게 유리한 결과가 돌아오는 유일한 전략을 뜻한다. 이 게임에서는 A에게나 B에게나 '자백하는 것'이 '우월 전략'이다. 하지만 '죄수의 딜레마'에서는 우월 전략을 선택한 결과, 누구의 승리나 우월(Dominance)이라 할 것도 없이 둘 다 패배가 되었다.

이탈 전술(Walk Away)

협상이 더 이상 양보할 수 없는 수준에 도달했다고 생각할 때, 협상 당사자가 자리를 박차고 일어서는 전술을 의미한다.

일보 후퇴 이보 전진 전술(Rejection-then-Retreat)

상대방에게 수용 불가능한 정도의 극단적인 요구를 제시해 놓고는 상대방이 미안해하면서 협상 테이블에 나오면 서로 하나씩 양보하면서 자신이 원하는 것을 받아내는 후퇴전술. 노사협상에서 노동자들은 이 전술을 자주 사용하는데, 기본적으로 상호성의 법칙에 해당한다.

제 손 묶기 전술(Tied in Hand)

"나는 도와주고 싶으나 의회가 거부하므로 나의 권한 밖"이라는 등의 가이드 라인을 쳐서 자신의 입장이나 처지를 제한함으로써 상대방으로 하여금 선택 가능한 대안의 폭을 줄이게 하는 전략. 극단적인 제 손 묶기 전술은 '족쇄전술'이라고도 한다.

정박 효과(Anchoring Effect)

닻을 내린 곳에 배가 머물 듯이 처음 입력된 정보가 정신적 닻으로 작용해 뒤의 판단에 계속 영향을 미치는 현상을 말한다. 사고의 관성, 즉 타성을 뜻하는 또 다른 용어다. 만약 어떤 이가 주식시장이 연일 상승하는 가운데 앞으로도 계속 상승할 거라는 기사나 책을 접했다면 앞으로 계속 상승할 것이라는 정박 효과(Anchoring Effect)가 생기게 되고, 이를 바탕으로 주식시장을 판단하게 된다.

정보홍수 전술(Snow Job)

협상 도중 자신의 중요한 정보가 상대방에게 넘어가 협상안을 제시하기 어려운 경우, 오히려 대규모의 정보를 누출시켜 정보의 홍수현상을 만들고 상대방의 판단을 흐리게 하여 혼선을 유도하는 전술을 말한다. 결국 상대방은 어느 것이 진짜 협상안인지 정보의 진위를 놓고 혼란에 빠지게 되어 문제를 희석시킬 수 있다.

지연협상 전술(Delay Tactics)

스트레스 전술이라고도 한다. 협상을 지연시켜 상대방을 초조하게 만들어 많은 양보를 받아내도록 하는 것. 상대방이 협상을 빨리 끝내고 싶어 하는 욕구가 있다고 판단될 때 유효한 전술. 예를 들어 협상안을 갑자기 바꾸어 처음부터 다시 협상이 진행되게 한다거나, 같은 주제에 대해 같은 주장을 반복하여 상대를 지치게 만드는 방법 등이 있다.

죄수의 딜레마(Prisoner's Dilemma)

두 죄수는 처음에는 범행을 부인함으로써 모두에게 불이익이 돌아가는 결과를 막으려고 하지만 결국은 한 명이 무너지면서 상대방도 무너져 자백하는 경향을 보이게 되는 현상을 말한다.

쥐어짜기와 가치 창출(Claiming Value/Creating Value)

제한된 가치(10개)를 놓고 서로 갈라먹으려고 쥐어짜는 현상을 쥐어짜기(Claiming Value)라고 한다면, 시장가치를 창출하여 파이를 키우는 것(10개를 20개로 만드는 것)을 가치 창출(Creating Value)이라고 할 수 있다.

창의적 대안(Creative Option)

양측의 욕구(Interest)를 동시에 만족시키는 제3의 대안을 말한다. 양측의 입장(Position) 뒤에 숨겨진 욕구(Interest)를 발견하면 둘 다 만족하는 해결안을 도출할 수 있다. 윈윈 협상의 대표적 방법이다. 공동의 대안(Common Ground)이라고도 부른다.

추가 양보 받아치기(Counter-Nibble)

상대의 Nibble 전술에 대해 Counter-Nibble 전술로 대응하는 것을 말한다. 예를 들어 꽤 비싼 물건을 사면서 손님이 조금 저렴한 물건을 가리키며 "그럼 이것은 덤으로 주시는 거죠?"라고 물었을 때 숙련된 협상가 직원은 다른 물건을 가리키며 "이 물건까지 사면 끼워주지요"라고 응수하는 것이 여기에 해당한다.

코딱지 전술(Bogey)

자신에게 중요하지 않은 사안인 것처럼 보이게 하거나 반대로 사소한 사안을 중요한 사안인 것처럼 보이게 하여 상대방의 인식을 호도한 뒤 목적을 달성하는 협상 전술을 의미한다. 예컨대 사소한 일을 급하게 처리해 주는 대신 큰 양보를 요구하는 것이 여기에 해당한다. 실제로 원하지 않았던 일을 수용하는 대신 진짜 선호했던 것을 받아내는 것을 이른다.

포지션(Position), 인터레스트(Interest)

성공적인 협상을 위해서는 상대방의 요구와 욕구를 구분할 수 있어야한다. 상대방의 입장, 즉 겉으로 드러내는 요구 사항을 협상 용어로 포지션(Position)이라 하며, 표현하지는 않았지만 요구 사항에 대한 진짜이유, 즉 상대방 내면에 있는 욕구를 인터레스트(Interest)라 한다.

포지티브섬(Positive-Sum)과 제로섬(Zero-Sum)

개인 또는 조직을 둘러싼 이해관계자들과의 협력을 통한 상생 전략(나도 좋고 상대도 좋은 전략)을 포지티브섬 전략이라고 한다면, 상대를고려하지 않고 내가 이겨 가치의 총합을 줄이는 것(또는 상대방이 많이먹으면 내가 적게 먹는 것)을 제로섬 전략이라고 한다.

플린칭(Flinching)

상대방의 제안이나 가격이 나올 때 고통이나 쇼크 등을 당한 것처럼갑자기 놀라는 행위를 보이는 반응. 상대방을 불안하게 하거나 놀라게 할 목적으로 사용되는 협상 기술이다.

협상력 이론 테스트

1. 협상에 대한 개념으로 바르지 못한 것은?

① 협상은 서로 다른 이해관계나 관점을 가진 둘 이상의 당사자가 합의를 이끄는 과정이다.

② 협상은 갈등해결의 수단으로 활용되기도 한다.

③ 협상은 상대와의 장기적 관계 여부에 따라 경쟁적 협상과 협력적 협상으로 나눌 수 있다.

④ 협상 상황이 제로섬게임(Zero-Sum Game)일 때 '윈-윈'의 결과가 도출될 가능성이 높다.

2. 첫 제안과 관련된 설명으로 바르지 못한 것은?

① 첫 제안은 언제나 먼저 하는 것이 유리하다.

② 목표보다 높게 먼저 제안하는 것을 협상용어로 'Aim-High'라 부른다.

③ 상대 제안에 당황하거나 놀라는 반응을 보이는 대응기법을 플린칭(Flinching)이라 한다.

④ 정보가 부족할 땐 제안권을 상대에게 넘기는 것이 좋다.

3. 앵커링 효과(Anchoring Effect)에 대한 설명으로 바르지 못한 것은?

① '닻 내림 효과' 또는 '정박효과'라고도 한다.

② 의사결정을 내릴 때 초기에 제시된 기준 값이 그 후의 판단에 영향을 미치는 심리를 말한다.

③ 명품업체가 최저가 상품을 전면에 진열하는 것은 앵커링 효과를 염두에 둔 마케팅 전략이다.

④ 목표보다 높은 가격을 먼저 제시해 기준점을 선점하는 협상전략으로 활용된다.

4. BATNA에 대한 설명으로 바르지 못한 것은?

① Best Alternative To Negotiated Agreement 의 약자다.

② 협상 결렬 시 취할 최선의 대안을 말한다.

③ 일반적으로 더 좋은 BATNA를 가진 쪽이 협상 우위를 점한다.

④ 협상 진행과정에서 상대방의 BATNA는 고려 대상이 아니다.

5. ZOPA에 대한 설명 중 바르지 못한 것은?

| 900원 | 1,100원 | | 1,400원 | 1,600원 |
| ⓐ | ⓑ | | ⓒ | ⓓ |

ZOPA

① Zone Of Possible Agreement의 약자로, 합의가능영역을 말한다.

② ZOPA는 구매자의 목표지점 ⓑ와 판매자의 목표지점 ⓒ 사이로 형성된다.

③ ⓓ는 구매자가 협상 결렬을 선언할 지점이다.

④ ⓐ는 구매자의 전략적 요구(Aim-High) 값이다.

6. 다음 중 하버드협상문제연구소에서 제시하는 성공적인 협상의 조건이 아닌 것은?

① 합의　　② 이익　　③ 효율　　④ 관계

7. 협상 용어 설명으로 잘못된 것은?

① 상대방의 표면적 요구를 'Position'이라 한다.
② 요구에 대한 이유를 'Interest'라 부른다.
③ 'Creative Option'은 양측이 모두 만족하는 새로운 대안을 말한다.
④ 협상 초기에 작은 것을 얻어내는 기법을 니블링(Nibbling)이라고 한다.

8. 윈-윈(Win-Win) 협상에 대한 설명으로 바르지 못한 것은?

① 각자 반반씩 양보해 중간지점에서 합의하는 것이 최선의 '윈-윈'이다.
② 협상 쟁점이 다양할수록 '윈-윈'의 결과를 끌어내기가 수월하다.
③ 논의 되지 않은 쟁점도 만들어낼 필요가 있다.
④ 덜 중요한 것과 더 중요한 것을 교환하는 기법이 대표적이다.

9. 다음 중 협상의 준비 및 개시 단계에서 수행할 내용이 아닌 것은?

① 상대측 정보파악 및 안건 제시하기
② 합의 사항 요약 및 실행 방안 논의
③ 최초 제안 및 상대제안에 반응하기
④ 역할 분담과 협상 절차 정하기

10. 다음 경청의 방법 중 성격이 다른 하나는?

① 따라 말하기 ② 바꿔 말하기 ③ 설득하기 ④ 공감하기

11. 협상 프로세스로 가장 올바른 것은?

> ㉠ 최종합의 ㉡ 대안검토 ㉢ 실전협상
> ㉣ 계약체결 ㉤ 전략회의 ㉥ 정보조사

① ㉤-㉥-㉡-㉢-㉠-㉣ ② ㉢-㉡-㉥-㉤-㉠-㉣
③ ㉥-㉢-㉡-㉠-㉤-㉣ ④ ㉡-㉢-㉤-㉥-㉣-㉠

12. '죄수의 딜레마'에 대한 설명 중 바르지 못한 것은?

① 게임이론의 대표적 개념이다.
② 자신의 이익만을 고려한 선택이 둘 모두에게 불리한 결과를 유발하는 상황을 일컫는다.
③ 상호 신뢰가 최악의 결과를 야기하는 내쉬균형(Nash Equilibrium)에서 벗어날 수 있는 해결책이다.
④ 이해관계가 충돌하는 상황에서 윈윈 협상이 가능한 이론적 배경이다.

13. 다음 중 협력적 협상의 방법이 아닌 것은?

① 창의적 대안 도출하기
② 파이 키우기
③ 숨은 욕구(Hidden Interest) 찾기
④ 강한 블러핑(Bluffing) 활용

14. 매몰비용에 대한 설명 중 바르지 못한 것은?

① 한 번 지불하고 나면 추후 의사결정에 관계없이 회수할 수 없는 비용을 말한다.

② 기업의 광고나 R&D 비용이 대표적이며, 기회 비용이라고도 한다.

③ 돈이나 노력, 시간 등이 투입되면 그것을 지속하려는 성향을 매몰비용효과라고 한다.

④ 협상에서 시간적 여유가 있다면 가능한 한 의사 결정을 뒤로 미루는 게 유리한 근거다.

15. 경쟁적 협상의 설명으로 바르지 못한 것은?

① BATNA를 활용하여 자신의 이익을 극대화한다.

② 사전에 많은 정보를 찾아 협상을 준비한다.

③ BATNA가 없다면 손해를 감수하고 양보하는 수밖에 없다.

④ 가격 제시에 대한 근거를 철저히 준비한다.

16. 상대의 앵커링(Anchoring)에서 벗어나는 방법이 아닌 것은?

① 제안에 대한 정확한 근거를 역으로 묻는다.

② 플린칭(Flinching)으로 응수한다.

③ ZOPA를 활용하여 미리 준비한다.

④ 무조건 가격을 먼저 제시한다.

17. 최후통첩 게임에 대한 설명으로 바르지 못한 것은?

① 받은 돈의 일정금액을 상대방과 나누어 갖는 방식의 게임이다.

② 금전적인 면에 있어서 인간은 항상 감정을 배제하고 이성적으로 행동한다.

③ 개인의 성향에 따라 결과가 바뀔 수 있다.

④ 인간이 이성적으로 의사결정을 하는지 알아보기 위한 실험이다.

18. 유리한 협상을 이끌기 위해 고려해야 할 내용 중 가장 거리가 먼 것은?

① 현재 협상에 벌어질 문제에만 집중한다.

② 협상 전에 가치를 극대화할 방법을 모색한다.

③ 협상 결렬에 대비해 BATNA를 다양하게 확보한다.

④ 기존 방식이 유리하지 않다면 얽매이지 말고 새로운 방식을 도입한다.

19. 창의적 대안에 대한 설명으로 바르지 못한 것은?

① 각자의 요구가 다른 경우 둘 다 만족하는 제3의 대안을 찾아내는 협상 방법이다.

② 상대방의 요구가 아니라 욕구를 파악해야 창의적 대안을 모색할 수 있다.

③ 기존 주장을 관철시키기 위해 뒷받침하는 근거를 준비하여 상대방을 설득한다.

④ 미래의 불확실한 내용에 대해 합의가 필요한 경우 조건부 협상이 대표적 창의적 대안이다.

20. 어젠다(Agenda)를 활용하는 협상법에 대한 설명으로 바르지 못한 것은?

① 쟁점을 다양화시켜 상대방이 전략을 파악하지 못하게 하는 협상 방법이다.

② 협상 쟁점을 더할 수 없을 땐 쟁점을 세분화하는 것도 좋은 방법이다.

③ 덜 중요한 것은 양보하고, 더 중요한 것은 얻어내는 협상이다.

④ 각자 중요하다고 생각하는 부분의 이익을 극대화시킬 수 있다.

정답

1.④ 2.① 3.③ 4.④ 5.③ 6.② 7.④ 8.① 9.② 10.③ 11.①
12.④ 13.④ 14.② 15.③ 16.④ 17.② 18.① 19.③ 20.①

협상이 이렇게 유용할 줄이야

제1판 1쇄 2020년 5월 15일
제1판 4쇄 2024년 10월 22일

지음   오명호
발행인   엄혜경
발행처   애드앤미디어
등록   2019년 1월 21일 제 2019−000008호
주소   서울특별시 영등포구 도영로 80, 101동 2층 205−50호
              (도림동, 대우미래사랑)
홈페이지 www.addand.kr
이메일   addandm@naver.com
교정교안 윤치영
디자인   얼앤똘비악 www.earlntolbiac.com

ISBN   979−11−966263−8−9(03010)
가격   15000원

이 도서의 국립중앙도서관 출판예정도서목록(CIP)은 서지정보유통지원시스템 홈페이지(http://seoji.nl.go.kr)와 국가자료공동목록시스템(http://www.nl.go.kr/kolisnet)에서 이용하실 수 있습니다. (CIP제어번호: CIP2020017576)

이 책에 대한 의견이나 오탈자 및 잘못된 내용에 대한 수정 정보는 아래 애드앤미디어 이메일로 알려주세요.
이메일 addandm@naver.com

잘못 만들어진 책은 구입처에서 바꿔 드립니다.

A 애드앤미디어는 당신의 지식에 하나를 더해 드립니다.